MAR

THE BEGINNER'S ENGLISH/SPANISH

DICTIONARY
AND GUIDE TO USAGE

DICCIONARIO
ESPAÑOL/INGLÉS PARA PRINCIPIANTES
Y GUÍA DE USO

Archie Bennet and Marta Gutiérrez

Published by
Trident Reference Publishing

80′0 Fifth Avenue South, Suite 203, Naples Florida 34102
www.tridentreference.com • email: sales@tridentreference.com

2007 Edition

Hardcover ISBN   9781582793597
Softcover ISBN   9781582793603

Printed in The United State

INTRODUCTION

This book will serve as a great help to those who are learning English or Spanish. Over 2,900 words are defined by the use of examples; more than 800 of these are also displayed as full color photographs and illustrations. You will find the word you are looking for explained in both English and Spanish. If you are looking for a Spanish word you will find it more quickly by referring to the section that begins on page 481. As an added help, irregular verb forms and noun plurals are included when necessary.

INTRODUCCIÓN

Este libro será de gran ayuda tanto para aquellos que están aprendiendo inglés

a

Ted has **a** toy. I saw **a** bird.

un (a)

Eduardo tiene **un** juguete. Yo vi **un** pájaro.

---

able

My older sister is **able** to play the piano.
She **can play** the piano.

capaz

Mi hermana mayor es **capaz** de tocar el piano.
Ella **puede tocar** el piano.

---

about(1)

Jane told a story **about** the ship.

sobre

Juana contó un cuento **sobre** el barco.

---

about(2)

It is **about** two o'clock.

alrededor

Son **alrededor** de las dos.

above

Above means **over**.

Jack hung a picture **above** his desk.

encima

Encima quiere decir **sobre**.

Juan colgó un cuadro **encima** de su escritorio.

---

absent

John was **absent** from school today.

John was **not at** school today.

ausente

Juan estuvo hoy **ausente** de la escuela.

Juan **no estuvo en** la escuela hoy.

---

accident

I spilled milk on the floor.

It was an **accident**.

It **did not happen on purpose**.

accidente

Derramé la leche en el suelo.

Fue un **accidente**.

No sucedió a propósito.

ache

The baby has a stomach **ache.**
The baby has a **pain** in his stomach.
The baby is sick.

dolor

El bebé tiene **dolor** de estómago.
El bebé tiene un **dolor** en el estómago.
El bebé está enfermo.

---

acorn

An **acorn** is the seed of an oak tree.

bellota

La **bellota** es el fruto del roble.

---

across

Jim threw the ball **across** the street.
He threw the ball to the **other side** of the street.

a través

Jaime lanzó la pelota **a través** de la calle.
Él lanzó la pelota **al otro lado** de la calle.

act
actuar

The teacher told the children to **act** well.

La maestra les dijo a los niños que **actuaran** bien.

add

If you have one pencil and **add** one more pencil, you have two pencils. To **add** is to **put together.** This sign + means to **add** or **put together.**

añadir

Si tienes un lápiz y **añades** otro, tienes dos lápices. **Añadir** es **sumar.** Este signo + quiere decir **añadir** o **sumar.**

address

Your **address** is where you live. Your house number, your street, your city and your state is your **address.**

dirección

Tu **dirección** es donde tú vives. El número de tu casa, el nombre de tu calle, el de tu ciudad y el del estado forman tu **dirección.**

admire

I **admire** the landscape.
I **like** the landscape.
The landscape is beautiful.

admirar

Admiro el paisaje.
Me gusta el paisaje.
El paisaje es hermoso.

admission

Jack and Ted have **admission** to the ball game.

entrada

Juan y Teodoro tienen una **entrada** para el partido.

advice

I made a house for my bird. My friend gave me some good **advice**. He **told me how** to make it.

consejo

Hice una casa para mi pájaro. Mi amigo me dio algunos buenos **consejos. Me dijo cómo** hacerla.

after(1)

The cat ran **after** the mouse.

detrás

El gato corrió **detrás** del ratón.

after(2)

I came **after** you did.
I came **later** than you.

después

Vine **después** de ti.
Vine **más tarde** que tú.

---

again

The girl rode the pony **again.**
The girl rode the pony
one more time.

otra vez

La niña montó su caballito
otra vez.
La niña montó su caballito
una vez más.

---

against

My bike leans **against** the tree.
My bike **touches** the tree.
We played **against** each other in the football game.
We played on **different sides** in the football game.

contra

Mi bicicleta está apoyada **contra** el árbol.
Mi bicicleta **toca** el árbol.
Jugamos unos **contra** otros en el partido de fútbol.
Jugamos al fútbol en **equipos contrarios.**

age

What is your **age?** How old are you?
How many years have you lived?

edad

¿Qué **edad** tienes? ¿Cuántos años tienes?
¿Cuántos años has vivido?

---

agree

Sam and Harry **agree.** Sam and Harry **think alike.**

concordar

Samuel y Enrique **concuerdan.** Samuel y
Enrique **piensan de la misma manera.**

---

ahead

The girl is **ahead** of the boy.
The girl is **in front** of the boy.

delante

La muchacha está **delante** del muchacho.
La muchacha está **en frente** del muchacho.

---

aim

Jimmy **aimed**
his arrow at the tree.

apuntar

Jaimito **apuntó** su flecha hacia el árbol.

air

aire

Air is what we breathe.
We cannot see **air** but when the wind blows we feel it.
We blow **air** into balloons.

Aire es lo que respiramos.
No podemos ver el **aire,** pero cuando el viento sopla, lo sentimos. Inflamos globos con **aire.**

---

airplane

An **airplane** is a machine that flies through the air.
There are many different kinds of **airplanes**.
This is one kind of **airplane**.

avión

El **avión** es una máquina que vuela por el aire.
Hay muchas clases diferentes de **aviones.**
Ésta es una clase de **avión.**

---

airport

aeropuerto

An **airport** is a place where airplanes take off and land.

El **aeropuerto** es el lugar donde los aviones despegan y aterrizan.

alarm

A fire **alarm** makes a loud **noise**.
The **alarm** warns firemen
that there is a fire somewhere.
The bell on our **alarm**
clock rings to **signal**
us that it is time to get up.

alarma

La **alarma** de incendio hace mucho **ruido**.
La **alarma** les avisa a los bomberos que hay
un incendio en alguna parte.
La **alarma** de nuestro despertador nos **avisa** que
es hora de levantarnos.

---

alive

The car hit the dog but the dog is still **alive**.
The dog is **not dead**.

vivo (a)

El auto golpeó al perro, pero aún está **vivo**.
El perro **no** está **muerto**.

---

allow

My mother will **allow** me to watch television.
My mother will **let** me watch television.

permitir

Mi madre me **permitirá** ver la televisión.
Mi madre me **dejará** ver la televisión.

almost

It is **almost** time to go to bed. It is **nearly** time to go to bed.

casi

Es **casi** la hora de ir a la cama. Se **acerca** la hora de ir a la cama.

---

along

The boy is walking **along** the road.

a lo largo

El niño camina **a lo largo** de la carretera.

---

already

Caroline has learned to play the flute **already**. Caroline has learned to play the flute **before this time**.

ya

Carolina **ya** aprendió a tocar la flauta.
Carolina aprendió a tocar la flauta **antes de ahora**.

---

also

Harry has a pair of skates. I have a pair of skates **also**.

también

Enrique tiene un par de patines. Yo **también** tengo un par de patines.

always

Mary is **always** good to her dog.
Mary is good to her dog **at all times.**
John **always** wins the race.
John wins the race **every time.**

siempre

María es **siempre** buena con su perro.
María es buena con su perro **en todo momento.**
Juan gana la carrera **siempre.**
Juan gana la carrera **todas las veces.**

---

among

Ted is **among** the boys going to school.
Ted is **in the group** of boys going to school.

entre

Teodoro está **entre** los muchachos que van
a la escuela.
Teodoro está **en el grupo** de muchachos
que va a la escuela.

---

ancient

The castle is **ancient.**
The castle is **very old.**

antiguo

El castillo es **antiguo.**
El castillo es **muy viejo.**

angry
angrier
angriest

I wanted to visit my friend. My mother would not let me go.
That is why I'm **angry.**

enojado

Quise visitar a mi amiga. Mi madre no me dejó.
Es por eso que estoy **enojado.**

---

animal

Anything that lives and is not a plant is an **animal.**
A cow is an **animal.**
A fish is an **animal.**
A person is an **animal.**

animal

Todo lo que vive y no es una planta, es un **animal.**
Una vaca es un **animal.** El pez es un **animal.**
Una persona es un **animal.**

---

annual

We are planning to have an **annual** school play.
We are planning to have a school play **each year.**
Annual means something that happens **every year.**

anual

Estamos planeando presentar una obra teatral
anual en la escuela.
Estamos planeando tener una obra teatral **cada
año** en la escuela.
Anual es algo que sucede **todos los años.**

another

I drew a picture of the tree.
Freddie drew **another**
picture of the tree.
I want **another** cookie.
I want a **different** cookie.

otro (a)

Hice un dibujo del árbol.
Alfredito hizo **otro** dibujo
del árbol.
Quiero **otra** clase de galletas.
Quiero una clase **diferente** de galletas.

---

answer

My mother called Ann but she did not **answer.**
When the telephone rings, I will **answer** it.
I will pick it up and **speak into it.**

contestar

Mi madre llamó a Ana, pero ella no **contestó.**
Cuando el teléfono suene, lo **contestaré.**
Voy a descolgarlo y a **hablar por medio de él.**

---

ant

An **ant** is an insect.

hormiga

La **hormiga** es
un insecto.

13

any

You may have **any** piece of candy in the box.
You may have **one piece of candy that you choose.**

cualquier

Puedes tomar cualquier **caramelo** de la caja.
Puedes tomar el **caramelo** que tú quieras.

apart

Tom sat **apart** from the other children.
Tom sat **away** from the other children.

aparte

Tomás se sentó **aparte** de los otros niños.
Tomás se sentó **lejos** de los otros niños.

ape

A chimpanzee is a kind of **ape**.

simio

Un chimpancé es una clase de **simio**.

appear

At night the moon will **appear** in the sky.
At night the moon will **come out** in the sky.
When I turn the television on, a picture will **appear**.

aparecer

La luna **aparecerá** en el cielo por la noche.
La luna **saldrá** en el cielo por la noche.
Cuando encienda la televisión, **aparecerá**
una imagen.

apple

manzana

An **apple** is a kind of fruit.
An **apple** is good to eat.

La **manzana** es una clase de fruta.
La **manzana** es buena para comer.

April
abril

April is the fourth month of the year.

Abril es el cuarto mes del año.

---

apron

delantal

An **apron** is a piece of cloth worn in front to keep our clothes clean.

Un **delantal** es una prenda de vestir que se lleva al frente para que nuestra ropa no se ensucie.

---

aquarium

pecera

I keep my fish in an **aquarium**.
I keep my fish in a **bowl of water**.

Tengo mis peces en una **pecera.**
Tengo mis peces en una **vasija llena de agua.**

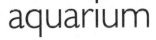

15

arm

Charles hurt his **arm.**
His whole **arm** hurts
from his shoulder to his fingers.

brazo

Carlos se lastimó el **brazo.**
Le duele todo el **brazo,**
desde el hombro
hasta los dedos.

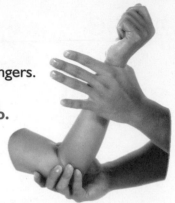

---

around

My father wears a tie **around** his neck.
He wears a tie that **circles** his neck.
The dog ran **around** the cat.

alrededor

Mi padre usa una corbata
alrededor del cuello.
Él usa una corbata que **le da
la vuelta** al cuello.
El perro corrió **alrededor** del gato.

---

arrive

I **arrive** at school early every day.

llegar

Llego a la escuela temprano todos los días.

art

Judy draws pictures in **art** class.
Painting and sculpture
are kinds of **art.**
Sewing, like music,
is an **art.**

arte

Julia dibuja en la clase de **arte.**
La pintura y la escultura
son clases de **arte.**
La costura, al igual que la
música, es un **arte.**

---

ashamed

Yesterday I acted badly.
Afterwards I felt **ashamed.**

avergonzado (a)

Ayer actué mal.
Después me sentí
avergonzado.

---

ask

When you want something from someone
you **ask** for it.

pedir

Cuando quieres algo de alguien, lo **pides.**

asleep

The baby is **asleep** in her bed.
The baby is **not awake.**

dormido (a)

El bebé está **dormido** en su cama.
El bebé **no está despierto.**

---

aunt

My mother's sister is my **aunt.**
My father's sister is my **aunt.**
My uncle's wife is my **aunt,** too.

tía

La hermana de mi madre es mi **tía.**
La hermana de mi padre es mi **tía.**
La esposa de mi tío es mi **tía** también.

---

autumn

A year is divided into four seasons.
Autumn is the season between summer and winter. The leaves on some trees turn yellow and fall to the ground in **autumn.**

otoño

El año está dividido en cuatro estaciones. El **otoño** es la estación que está entre el verano y el invierno. Las hojas de algunos árboles se ponen amarillas y caen a la tierra en el **otoño.**

awake

The baby is **awake**.
The baby is **not sleeping**.

despierto (a)

El bebé está **despierto**.
El bebé **no está durmiendo**.

---

ax
axes

An **ax** is used for cutting down trees.
This is an **ax**.

hacha

El **hacha** se usa para cortar árboles.
Ésta es un **hacha**.

baby
babies

A **baby** is a very young child.
Our **baby** cannot walk yet.
He is asleep.

bebé

Un **bebé** es un niño muy pequeño.
Nuestro **bebé** no puede caminar todavía.
Está durmiendo.

---

bad
worse
worst

Fred is a good boy.
He is not a **bad** boy.
Something **bad** is **not good.**

malo (a)

Federico es un buen muchacho.
Él no es un muchacho **malo.**
Malo es algo que **no es bueno.**

---

bag

A **bag** is used to carry things in.
A **bag** is usually made of paper or cloth.
Mother carried a hand**bag.**

bolsa

La **bolsa** se usa para llevar cosas.
La **bolsa** usualmente se hace de papel
o de tela.
Mi madre llevaba una **bolsa** de mano.

bake

Mother put a cake in the oven to **bake.**
She put the cake **in the oven to cook.**

hornear

Mi mamá **horneó** un pastel.
Ella puso el pastel a **cocinar** en el horno.

ball

The cat plays with the **ball.**
The **ball** will bounce and roll.

pelota

El gato juega con la **pelota.**
La **pelota** rebotará y rodará.

ballerina

A **ballerina** dances
in the ballet.
She **dances on her toes**
quite often.

bailarina

La **bailarina** danza baile
clásico.
Ella baila mucho sobre
la punta de los pies.

balloon

globo

Maria has a **balloon**.
She blew it up with air.
The air in the **balloon** keeps it inflated.

María tiene un **globo**.
Ella lo infló.
El aire mantiene el **globo** inflado.

---

band

banda

Harry plays music in a **band**.
Harry plays the drums.

Enrique toca música en una **banda**.
Enrique toca la batería.

---

bank

banco

A **bank** is a place in which we keep money.

Un **banco** es el lugar
donde guardamos el dinero.

bar

Cages are made with strong metal **bars** so that the animals cannot get out.

barra

Las jaulas están hechas de fuertes **barras** de metal para que los animales no puedan salir.

---

bare
barer
barest

When we go without shoes and socks our feet are **bare**.

descalzo (a)

Cuando andamos sin zapatos y sin calcetines, nuestros pies están **descalzos**.

---

bark (1)

Our dog likes to **bark** at the cat.
He tries to scare the cat with his **bark**.

ladrar

A nuestro perro le gusta **ladrarle** al gato.
Él trata de asustar al gato con sus **ladridos**.

bark (2)

Bark is the covering of a tree trunk.

corteza

La cubierta del tronco del árbol es la **corteza.**

---

barn

A farmer keeps his horses in a **barn.**

establo

El campesino pone sus caballos en el **establo.**

---

barrel

barril

We use a **barrel** to keep food and other things in. This is a **barrel.**

Usamos un **barril** para almacenar alimentos y otras cosas. Éste es un **barril.**

baseball

John likes to play **baseball**.
There are nine players on John's **baseball** team.

béisbol

A Juan le gusta jugar al **béisbol**.
Hay nueve jugadores en el equipo de **béisbol** de Juan.

---

bat

A small animal that flies around at night is a **bat**.
It looks like a mouse with wings.

murciélago

Un animalito que
vuela por allí
en la noche,
es un **murciélago**.
Parece un ratón con alas.

---

bath

I help mother give my baby sister a **bath**.
We bathe the baby all over her body to
keep her clean.

baño

Yo ayudo a mi madre
a dar un **baño** a mi hermanita.
Bañamos a la niña de cuerpo
entero para que esté limpia.

bathtub

The **bathtub** is where I take a bath. Sometimes I take a toy boat into the **bathtub** with me.

bañadera

La **bañadera** es el lugar donde nos bañamos. Algunas veces yo llevo un bote de juguete a la **bañadera** conmigo.

---

beads

My mother has a string of **beads. A bead** is a small, usually round piece of glass, wood or metal.

cuentas

Mi madre tiene un collar de **cuentas.** Una **cuenta** es una pequeña pieza de cristal, madera o metal, usualmente redonda.

---

beans

Beans are a vegetable. There are several kinds of **beans. Beans** are good to eat.

frijoles

El **frijol** es un vegetal. Hay varias clases de **frijoles.** Los **frijoles** son buenos para comer.

bear

A **bear** is a large, shaggy animal with a short tail.
Bears are brown, black or white.

oso

El **oso** es un animal
grande, peludo y con un rabo corto.
Los **osos** son de color castaño, negro o blanco.

---

beat
beats
beating
beat
beaten

When I play the drum, I **beat** it with drumsticks.
When I play the drum, I **hit** it with drumsticks.

golpear

Cuando toco el tambor, lo **golpeo** con baquetas.
Cuando toco el tambor, le **pego** con baquetas.

---

beautiful

The snow is **beautiful.**
The snow is very nice to look at.
Beautiful music is very nice to hear.

hermoso (a)

La nieve es **hermosa.**
Es muy agradable
mirar la nieve.
Es muy agradable oír música **hermosa.**

27

bed
cama

We sleep in a **bed.**

Dormimos en la **cama.**

---

bee
abeja

A **bee** is a black and yellow bug that flies. **Bees** make honey.

La **abeja** es un insecto negro y amarillo que vuela.
Las **abejas** hacen miel.

---

beg
rogar

The teacher said, "I **beg** you to be quiet."
The teacher said, "I **ask** you to be quiet."

El maestro dijo: "Les **ruego** que estén quietos".
El maestro dijo: "Les **pido** que estén callados".

---

begin
begins
beginning
began
begun
comenzar

Now let us **begin** to sing.
Now let us **start** to sing.

Ahora, **comencemos** a cantar.
Ahora, **empecemos** a cantar.

behind
detrás

Billy sits **behind** me at school.

Guillermito se sienta **detrás** de mí en la escuela.

---

believe

creer

I do not **believe** it will rain.
I do not **think** it will rain.

No **creo** que llueva.
Pienso que no lloverá.

---

bell

The **bell** rings.
Some **bells** go "bong, bong."

campana

La **campana** suena.
Algunas **campanas** suenan "bong, bong".

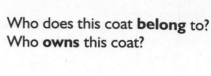

belong

pertenecer

Who does this coat **belong** to?
Who **owns** this coat?

¿A quién le **pertenece** este abrigo?
¿**De quién es** este abrigo?

belt

cinturón

Tommy wears a **belt** to hold up his trousers.
He wears the **belt** around his waist.

Tomasito usa un **cinturón** para ajustarse los pantalones.
Usa el **cinturón** alrededor de la cintura.

bend
bends
bending
bent

doblar

I can **bend** a wire.
I can **bend** and touch the ground with my fingers.

Puedo **doblar** un alambre.
Puedo **doblarme** y tocar el suelo con los dedos.

beneath

The desk is **beneath** the lamp.
The desk is **below** the lamp.

debajo

El escritorio
está **debajo**
de la lámpara.
El escritorio
está **bajo** la lámpara.

---

berry
berries

A **berry** is a small, sweet fruit.

baya

La **baya** es una fruta pequeña y dulce.

---

beside

Jane sat **beside** me.
She sat **next to** me.

al lado

Juana se me
sentó **al lado.**
Se sentó **a mi lado.**

between

Jill walks **between** her friends.
She walks in the **middle**
with a friend on each side.

entre

Julieta camina **entre** sus amigas.
Ella va en el **medio,** con
una amiga a cada lado.

---

beyond

Beyond the trees there is
a mountain.
The mountain is **farther away**
than the trees.

más allá

Más allá de los árboles
hay una montaña. La montaña está
más lejos que los árboles.

---

big
bigger
biggest

My older brother is **big.**
My older brother is **not small.**

grande

Mi hermano mayor es **grande.**
Mi hermano mayor **no es pequeño.**

bill
Father paid our food **bill.**

cuenta
Mi padre pagó la **cuenta** de los comestibles.

---

biography
biographies

Our teacher read the **biography** of George Washington.
Our teacher read the **life story** of George Washington.

biografía
La maestra nos leyó la **biografía** de George Washington.
La maestra nos leyó la **historia de la vida** de George Washington.

---

bird
A **bird** has two wings, feathers and a bill.
There are many different kinds of **birds.**

pájaro
Un **pájaro** tiene dos alas, plumas y un pico.
Hay muchas clases diferentes de **pájaros.**

birthday

Today is Tommy's seventh **birthday**.
Tommy was born seven years ago.

cumpleaños

Tomasito tiene
siete años
y hoy es su
cumpleaños.
Hace siete años
que nació
Tomasito.

bite
bites
biting
bit
bitten

This dog will not **bite** you.
This dog will not **cut** you **with his teeth.**

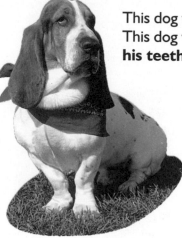

morder

Este perro
no te **morderá.**
Este perro no te
lastimará
con sus dientes.

bitter

Mary took her medicine and it tasted **bitter**.
The medicine **did not taste sweet**.

amargo (a)

María probó su medicina y sabía **amarga**.
La medicina **no sabía dulce.**

blackboard

I like to write on the **blackboard** with chalk.
The **blackboard** is black.

pizarra

Me gusta escribir en la **pizarra** con tiza.
La **pizarra** es negra.

blame

Do you **blame** me because you spilled the milk?
Do you **think it was my fault** that you spilled
the milk?

culpar

¿Me **culpas** porque derramaste la leche?
¿**Piensas que fue por culpa mía** que derramaste
la leche?

blind

The man is **blind.**
The man **cannot see.**

ciego (a)

El hombre es **ciego.**
El hombre **no puede ver.**

blister

I burned my finger and a **blister** appeared.
I burned my finger and a **small swelling** appeared.

ampolla

Me quemé el dedo y me salió una **ampolla.**
Me quemé el dedo y me apareció una **inflamación pequeña.**

---

blizzard

The snow came down and the wind blew very hard.
We had a **blizzard.**
We had a **big snowstorm.**

ventisca

Nevaba y el viento soplaba muy fuerte.
Tuvimos una **ventisca.**
Tuvimos una **tormenta de nieve** muy grande.

---

block

I have a set of **blocks.**

cubo

Tengo un juego de cubos.

blood

I cut my finger.
Blood came out.
Our heart makes **blood** move throughout the body.

sangre

Me corté el dedo.
Me salió **sangre**.
El corazón hace que la **sangre** circule por
nuestro cuerpo.

---

blow
blows
blowing
blew
blown

I will **blow** the candles out.
I like to **blow** the whistle.
Sometimes I can hear
the wind **blow.**

soplar

Soplaré y apagaré las velas.
Me gusta **soplar** el silbato.
A veces puedo oír cómo **sopla** el viento.

---

blue

Blue is a color.
Tom has a **blue** suit.
Tom also has a **blue** shirt.
The sky is **blue.**

azul

El **azul** es un color. Tomás tiene un traje **azul**.
Tomás también tiene una camisa **azul**. El cielo es **azul**.

board
tabla

A **board** is a piece of wood cut from a log.
We use wide **boards** to make a box.

Una **tabla** es una pieza
de madera plana que se ha sacado
de un tronco. Usamos **tablas**
anchas para hacer cajas.

boast
jactarse

Some people like to **boast**.

A algunos les gusta **jactarse**.

boat
bote

A **boat** floats on the water.
I like to ride on a **boat**.
A large **boat** is called a ship.

El **bote** flota sobre el agua. Me gusta
pasear en **bote**. Un **bote** grande es un barco.

body
bodies
cuerpo

I try to keep a healthy **body**.
All the parts of a person or animal are its **body**.

Trato de mantener mi **cuerpo** sano.
Todas las partes de una persona o animal forman su
cuerpo.

bone

hueso

The dog likes to chew on a **bone.** It keeps his teeth strong and healthy. We have **bones** throughout our bodies.

Al perro le gusta mascar el **hueso.** Lo ayuda a mantener sus dientes sanos y fuertes. Tenemos **huesos** en todo el cuerpo.

book

libro

I like to read this **book.**
This **book** has pretty pictures and tells me about words.

Me gusta leer este **libro.**
Este **libro** tiene ilustraciones bonitas y me enseña palabras.

boot

bota

A **boot** is higher than a shoe.
A **boot** is usually made of rubber or leather.
I wear **boots** when it snows to keep my feet warm and dry.

Una **bota** es más alta que un zapato.
La **bota** usualmente se hace de caucho o de cuero.
Uso **botas** cuando nieva para mantener mis pies abrigados y secos.

born

nacer

The baby puppies were **born** today. The baby puppies were **brought into the world** today.

Los perritos **nacieron** hoy. Los perritos **llegaron al mundo** hoy.

both
ambos (as)

Lucy has lost **both** her mittens. Lucy has lost her **two** mittens.

Lucía perdió **ambos** mitones.
Lucía perdió los **dos** mitones.

bother
molestar

Ann lost her pencil.
She did not **bother** to look for it.

Ana perdió su lápiz.
No se **molestó** en buscarlo.

bottle
botella

A **bottle** is usually made of glass and holds liquid.
Mother bought a big **bottle** of soda.

Una **botella** casi siempre es de vidrio
y contiene líquido.
Mamá compró una **botella** grande de refresco.

bottom
fondo

The lowest part of something is often called the **bottom**.
There is water at the **bottom** of the well.

La parte más baja de algo muchas veces se llama el **fondo**.
Hay agua en el **fondo** del pozo.

bounce

I like to see the ball **bounce.**
I like to see the ball hit the ground and **jump** back.

rebotar

Me gusta ver cómo **rebota** la pelota.
Me gusta ver cómo la pelota cae al suelo y vuelve a **saltar.**

---

bow

Jack has a **bow** and arrow.

arco

Juan tiene un **arco** y una flecha.

---

bowl

The kitten eats from a **bowl.** I eat soup from a **bowl.**
A **bowl** is a **deep, round dish.**

vasija

El gatito come de una **vasija.**
Yo tomo sopa en una **vasija.**
Una **vasija** es un **plato hondo y redondo.**

box
boxes

caja

My breakfast cereal comes in a **box.**
My father's new hat was in a **box.**

El cereal para mi desayuno
viene en una **caja.**
El sombrero nuevo
de mi padre
estaba en una **caja.**

boy

niño

Frank is a **boy.**
He will grow up to be a man.
Frank's sister is a girl.
She will grow up to be a woman.

Francisco es un **niño.**
Él crecerá y se convertirá
en un hombre.
La hermana de Francisco es una niña.
Ella crecerá y se convertirá
en una mujer.

braggart
A **braggart** is a person who likes to brag.

jactancioso
Un **jactancioso** es una persona
a quien le gusta jactarse.

brave
braver
bravest

The policeman is **brave.**
The policeman is not afraid.

valiente

El policía es **valiente.**
El policía no tiene miedo.

---

bread

Bread usually comes in a loaf.
It is made of flour and other things.
A roll is **bread,** too.

pan

El **pan** casi siempre viene en hogazas.
Se hace de harina y otras cosas.
Un bollo también es un **pan.**

---

break
breaks
breaking
broke
broken

Did you **break** the dish?

romper

¿**Rompió** usted el plato?

breath
aliento

Your **breath** is the air you take in and let out.

El **aliento** es el aire que respiras y luego sueltas.

---

breathe
respirar

You should **breathe** through your nose.

Deberías **respirar** por la nariz.

---

breeze
brisa

A **breeze** is blowing through the trees.

La **brisa** sopla entre los árboles.

---

bridge

A **bridge** is over the river.
We walk across a small **bridge**.
We ride across a large **bridge**.
Bridges are used to cross over something.

puente

El **puente** está sobre el río.
Caminamos por el puente
pequeño.
Cruzamos un **puente**
grande en automóvil.
Los **puentes** se usan
para atravesar algo.

bright
inteligente

I think Tommy is very **bright.**

Yo pienso que Tomás es muy **inteligente.**

---

bring
traer

The postman will **bring** mail to our house.

El cartero **traerá** el correo a nuestra casa.

---

brook
arroyo

We like to fish in the **brook.**
We like to fish in a **small stream of water.**

Nos gusta pescar en el **arroyo.**
Nos gusta pescar en una **pequeña corriente de agua.**

---

brother
hermano

John is Jane's **brother.**
They have the same mother
and father. A boy that has the
same parents as you do is your
brother. Jane is John's sister.

Juan es **hermano** de Juana.
Tienen el mismo padre y la
misma madre. El niño que tiene
los mismos padres que tú es tu
hermano. Juana es hermana de Juan.

bucket

I filled the **bucket** with sand.
I filled the **pail** with sand.

cubo

Yo llené el **cubo** de arena.
Yo llené la **cubeta** de arena.

bud

A **bud** is the beginning of a flower.
When the **bud** opens it will be a flower.

botón

Un **botón** es el comienzo de una flor.
Cuando el **botón** se abra, será una flor.

build

Jim is planning to **build** a house.
Jim is planning to **put together** a house.
Birds **build** nests.

construir

Jaime está planeando **construir** una casa.
Jaime está planeando **fabricar** una casa.
Los pájaros **construyen** nidos.

bulb (1)

Mother planted a lily **bulb.**

bulbo

Mi madre plantó un **bulbo** de lirio.

bulb (2)

Before I read I turn on the light **bulb.**

bombilla

Antes de leer yo enciendo la **bombilla.**

bulldozer

A **bulldozer** is a tractor with a big blade in front which pushes dirt and other things. This is a **bulldozer.**

niveladora

Una **niveladora** es un tractor con una gran pala al frente, con la cual empuja tierra y otras cosas. Ésta es una **niveladora.**

bunch

I ate a **bunch** of grapes.

racimo

Comí un **racimo** de uvas.

---

bunny
bunnies

We call a baby rabbit a **bunny.**

conejito

Un conejo pequeño es un **conejito.**

---

burn

I saw a house **burn** down.
If you touch a hot stove it will **burn** you.

quemar

Vi que una casa se **quemaba.**
Si tocas una estufa caliente, te **quemarás.**

bury

Dogs **bury** bones in the ground.
When we put something in the ground and cover it over with earth we **bury** something.

enterrar

Los perros **entierran** huesos.
Cuando ponemos algo en la tierra y lo cubrimos con ella, **enterramos** algo.

---

bus

A **bus** is larger than an automobile.
Many people ride in a **bus**.
I ride a school
bus to school.

ómnibus

Un **ómnibus** es más grande que un automóvil.
Muchas personas viajan en **ómnibus**.
Yo voy a clase en el **ómnibus** de la escuela.

---

bush
bushes

A **bush** has branches and leaves but is smaller than a tree.
Roses grow on a **bush**.

arbusto

Un **arbusto** tiene ramas y hojas, pero es más pequeño que un árbol.
Un rosal es un **arbusto**.

busy
busier
busiest

Mother is **busy.** She is at work. She is cooking dinner.

ocupado (a)

Mamá está **ocupada.** Está trabajando.
Cocina la cena.

---

butter

Butter is made from cream.
Bread and **butter** are good to eat.

mantequilla

La **mantequilla** se hace de la crema.
Comer pan con **mantequilla** es rico.

---

butterfly
butterflies

A **butterfly** is an insect.
It has four beautiful wings
and a tiny body.

mariposa

La **mariposa** es un insecto.
Tiene cuatro lindas alas y un corpecito pequeño.

---

button

Can you **button** your coat?
Can you **fasten** your coat together
with the **buttons?**

abotonarse

¿Puedes **abotonarte** el abrigo?
¿Puedes **cerrarte** el abrigo **con los botones?**

buy

When we go to the store we **buy** things.
We **give money** and **get something** for it.

comprar

Compramos cosas cuando vamos a la tienda.
Damos dinero y **recibimos algo** a cambio.

---

buzzard

A **buzzard** is a large bird.
A **buzzard** is heavy and flies slowly.

ratonero

El **ratonero** es un ave grande.
El **ratonero** es pesado y vuela despacio.

---

buzz

The sound that a fly or bee makes is a **buzz.**

zumbido

El ruido que hacen las moscas o las abejas se llama **zumbido.**

cage

A **cage** is a place to keep wild animals.

jaula

La **jaula** es un lugar para guardar animales salvajes.

cake

My mother made a **cake.**

pastel

Mi madre hizo un **pastel.**

calf
calves

A **calf** is a baby cow.

ternera

Una **ternera** es una vaca pequeña.

call

My name is William, but friends **call** me Bill.
I like to **call** my friends.
I like to **telephone** my friends.
Mother will **call,** "Bill, it is time to wake up."
Mother will **say loudly,** "Bill, it is time to wake up."

llamar

Mi nombre es Guillermo, pero mis amigos me
llaman Guille.
Me gusta **llamar** a mis amigos.
Me gusta **telefonear** a mis amigos.
Mi madre me **llamará:** "Guille, es hora de que
despiertes".
Mi madre **dirá en voz alta:** "Guille, es hora de que
despiertes".

---

camp

We like to go to the woods and **camp** in a tent.
We like to go to the woods and **live** in a tent.

acampar

Nos gusta ir al campo
y **acampar** en una tienda.
Nos gusta ir al campo
y **vivir** en una tienda.

---

capable

My mother asked if I was **capable** of taking care of
my baby sister.

capaz

Mi madre me preguntó si era **capaz** de cuidar a mi
hermanita.

can

poder

I **can** tie my shoelaces.
I **am able** to tie my shoelaces.

Puedo atarme los cordones de los zapatos.
Soy capaz de atarme los cordones de los zapatos.

---

candle

When I was one year old, there was one **candle** on my birthday cake. Now I am seven years old and there are seven **candles** on my birthday cake.

vela

Cuando cumplí un año, había una **vela** en mi torta de cumpleaños. Ahora tengo siete años y hay siete **velas** en mi torta de cumpleaños.

---

cane
bastón

The man has a sore leg and he walks with a **cane**.

Al hombre le duele la pierna y camina con un **bastón.**

canoe

A **canoe** is a **small, light boat.**
We move it with paddles or oars.

canoa

Una **canoa** es **un bote pequeño y ligero.**
Hacemos que se mueva con paletas o remos.

---

cap

The baseball player wears a **cap.**
The baseball player wears **a small hat.**

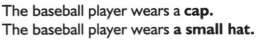

gorra

El jugador de béisbol
usa una **gorra.**
El jugador de béisbol usa
un sombrero pequeño.

---

cape

I made a **cape** for my doll.
A **cape** is like a coat but it has no sleeves.
A **cape** fastens at the neck and hangs over the shoulders.

capa

Hice una **capa** para mi muñeca.
Una **capa** es como un abrigo, pero no tiene mangas.
La **capa** se cierra en el cuello y cae sobre los hombros.

car

An automobile is a **car.**

coche

Un automóvil es un **coche.**

---

card

My friend sent me a birthday **card.**
A **card** is a flat folded piece of stiff paper.

tarjeta

Mi amigo me envió una **tarjeta** de cumpleaños.
Una **tarjeta** es un trozo de cartulina doblada.

---

careful

Mother said, "Please be **careful** when you cross the street."
Mother said, "Please **pay attention** when you cross the street."

cuidadoso (a)

Mi madre dijo: "Por favor, sé **cuidadoso** cuando cruces la calle". Mi madre dijo: "Por favor, **presta atención** cuando cruces la calle".

carry

When you **carry** something, you take it from one place to another.

cargar

Cuando **cargas** algo, lo llevas de un lugar a otro.

---

case

We put things in a **case**.
A suit**case** is used to carry clothes in.

maleta

Ponemos cosas en la **maleta**.
La **maleta** se usa para llevar ropa.

---

castle

The king and queen live in a **castle**.
The **castle** is a large building with thick walls.
It has many rooms.

castillo

El rey y la reina viven en un **castillo**.
Un **castillo** es un edificio
grande con paredes gruesas.
Tiene muchas habitaciones.

cat

gato

I call my **cat** "Tom."
Dogs chase **cats.**

Mi **gato** se llama Tomás.
Los perros persiguen a los **gatos.**

catch

atrapar

Ted can **catch** the ball.
He can **take hold of** the
ball before it hits the ground.

Teodoro puede **atrapar** la pelota.
Él puede **atrapar** la pelota
antes de que ésta toque el suelo.

cave

cueva

A **cave** is a large hole under the ground.
Sometimes a **cave** is called a cavern.
The bear sleeps all winter in a **cave.**

Una **cueva** es un hueco grande bajo la tierra.
A veces se llama caverna a la **cueva.**
El oso duerme en una **cueva** todo el invierno.

center

There are two holes near the **center** of the button.
There are two holes near the **middle** of the button.

centro

Hay dos agujeros casi en el **centro** del botón.
Hay dos agujeros casi en el **medio** del botón.

---

certain

I like **certain** fruits but **some** fruits taste too sour.

cierto (a)

Ciertas frutas me gustan, pero otras son muy ácidas.

---

chain

I walk my dog at the end of a small **chain.**

cadena

Llevo a mi perro de una pequeña **cadena.**

chair
silla

A **chair** is something to sit on.

La **silla** es para sentarse.

---

chalk

I like to write on the blackboard with **chalk.**

tiza

Me gusta escribir en la pizarra con **tiza.**

---

challenge

Bill is learning to ice skate because
it is a **challenge.**
Bill is learning to ice skate because
it is **hard to do.**

desafío

Guillermo está aprendiendo a patinar
en el hielo porque eso es un **desafío** para él.
Guillermo está aprendiendo a patinar en el
hielo porque eso es **difícil de hacer.**

chance

There is a **chance** of rain today.

posibilidad

Hay **posibilidad** de que hoy llueva.

---

change

Mother asked me to **change** clothes.
She asked me to **put on different** clothes.

cambiar

Mi madre me pidió que me **cambiara** de ropa.
Me pidió que me **pusiera** ropa **diferente.**

---

chase

The dog likes to **chase** the cat.
The dog likes to **run after** the cat.

perseguir

Al perro le gusta **perseguir** al gato.
Al perro le gusta **correr detrás** del gato.

cheap

Father bought a new hat.
The hat was **cheap.**
The hat **did not cost much money.**

barato (a)

Mi padre compró un sombrero nuevo.
El sombrero era **barato.**
El sombrero **no costó mucho dinero.**

---

check

The dentist **checks** my teeth.
The dentist **looks at** my teeth to be sure they are strong and healthy.

revisar

El dentista me **revisa** los dientes.
El dentista **me mira** los dientes para asegurarse de que estén fuertes y sanos.

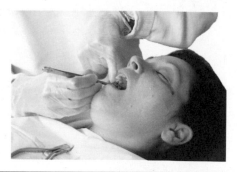

---

cheek

Mother kissed me on the **cheek.**

mejilla

Mi madre me besó en la **mejilla.**

cheer

To **cheer** is to give a **happy shout.**
When our team won the ball game we gave a **cheer.**

vitorear

Vitorear es dar un grito de aprobación.
Cuando nuestro equipo ganó el juego, lo
vitoreamos.

---

cherry
cherries

My mother made a **cherry** pie.

cereza

Mi madre hizo un pastel de **cerezas.**

---

chest (1)

Father keeps tools in his **chest.**
Father keeps tools in a **box with a lid** on it.

caja

Mi padre guarda herramientas
en una **caja.**
Mi padre tiene herramientas
en una **caja con tapa.**

chest (2)
Your heart is in your **chest**.

pecho
El corazón está en el **pecho**.

---

chew
We must **chew** our food well.
The baby cannot **chew** because she has no teeth.

masticar
Debemos **masticar** bien los alimentos.
La bebita no puede **masticar** porque no tiene dientes.

---

chicken
A **chicken** is a bird. A mother **chicken** is a **hen**.
A father **chicken** is a **rooster**.
A baby **chicken** is a **chick**.

pollo
Un **pollo** es un ave. La madre es la **gallina**.
El padre es el **gallo**.
Un **pollo** pequeño es un **pollito**.

chin
barbilla

The **chin** is the lower part of my face.

La **barbilla** es la parte inferior de mi cara.

china
vajilla

Mother puts the **china** on the table.
Mother puts the **dishes** on the table.

Mi madre pone la
vajilla en la mesa.
Mi madre pone
los **platos** en la mesa.

chip
pedacito

There are chocolate **chips** in the cookies.
There are **small pieces** of chocolate in the cookies.

Hay **pedacitos** de chocolate en las galletas.
Hay **trocitos** de chocolate en las galletas.

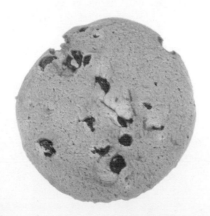

choose
chooses
choosing
chose
chosen

I must **choose** which I want to eat, the apple or the banana.

escoger

Debo **escoger** cuál quiero comer: la manzana o la banana.

chop

The man used an ax to **chop** down the tree.
The man used an ax to **cut** down the tree.

talar

El hombre usó un hacha para **talar** el árbol.
El hombre usó un hacha para **derribar** el árbol.

circle

A **circle** is shaped like a ring. We stand in a **circle** to play some games.

círculo

Un **círculo** es algo que tiene la forma de un anillo. Nos ponemos en **círculo** para ciertos juegos.

circus
circuses

The **circus** is a big show.
The children went
to the **circus** and
saw animals and
clowns.
The **circus** was
in a huge tent.

circo

El **circo** es un gran espectáculo.
Los niños fueron al **circo** y vieron animales
y payasos.
El **circo** estaba en una carpa gigantesca.

---

citizen

When a person lives in a country, that person
is a **citizen** of the country.

ciudadano

Cuando una persona vive en un país, es
ciudadana de ese país.

---

city

I live in a **city.**
I live in a **large town** where people live and work.
The farmer lives in the country.

ciudad

Vivo en una **ciudad.**
Vivo en una **población grande** donde viven y trabajan
muchas personas.
El campesino vive en el campo.

clap

When we like something, we **clap** our hands.
We **hit our hands together.**
Mary sang a song and we **clapped** our hands.

aplaudir

Cuando nos gusta algo, **aplaudimos.**
Golpeamos una mano contra la otra.
María cantó y nosotros **aplaudimos.**

claw

A cat's **claw** is sharp.

garra

La **garra** del gato es afilada.

clean

I help mother **clean** the house.
I help mother **get the dust and dirt out** of the house.
I wash my hands **clean** before I eat.

limpiar

Ayudo a mi madre a **limpiar** la casa.
Ayudo a mi madre a **sacar el polvo y la suciedad** de la casa.
Procuro que mis manos estén **limpias** antes de ir a comer.

clear

The sky is **clear.**
There are **no clouds**
in the sky.
The water is **clear.**
There is **no dirt**
in the water.
I read the story but
it was not **clear** to me.
I read the story but
I did not **understand.**

claro (a)

El cielo está **claro. No hay nubes** en el cielo.
El agua está **clara. No hay suciedad** en el agua.
Leí el cuento pero no lo encontré **claro.**
Leí el cuento, pero no lo **entendí.**

---

climb

See the cat **climb** the tree.
See the cat **go up** the tree.

trepar

Mira cómo el gato se **trepa** al árbol.
Mira cómo el gato se **sube** al árbol.

---

clip

Mother will **clip** the dog's hair.
Mother will **cut** the dog's hair.

recortar

Mi madre le **recortará** el pelo al perro.
Mi madre le **cortará** el pelo al perro.

clock

I look at a **clock** to see what time it is.

reloj

Miro un **reloj** para saber la hora.

---

close

I will **close** the door.

cerrar

Cerraré la puerta.

---

cloth

My dress is made of **cloth**.
This is cotton **cloth** but there are other kinds of **cloth**.

tela

Mi vestido está hecho de **tela**.
Esta **tela** es de algodón, pero hay otras clases de **telas**.

cloud

The **cloud** is made up of tiny drops of water and dust.

nube

La **nube** está formada por gotas pequeñitas de agua y polvo.

---

clown

We saw a **clown** at the circus.
The **clown** was a very funny man.

payaso

Vimos un **payaso** en el circo.
El **payaso** era un hombre muy cómico.

---

club

A **club** is a heavy stick.

porra

La **porra** es un palo pesado.

coal

Coal is a fuel.
Coal is hard and
black and
it will burn.

carbón

El **carbón** es un
combustible.
El **carbón** es duro,
negro y arde.

---

coast

The seashore is called the **coast.**
The **coast** is the land near the water.

costa

La orilla del mar se llama la **costa.**
La **costa** es la tierra cerca del agua.

---

coat

When I go outside,
I put on my **coat.**
The **coat** has sleeves and
keeps me warm.

Me pongo un **abrigo**
cuando salgo.
El **abrigo** tiene mangas
y me mantiene abrigado.

abrigo

cobbler

A **cobbler** is a person that mends shoes.

zapatero

Un **zapatero** es la persona que remienda zapatos.

---

cold

In the wintertime it is **cold.**
In the wintertime it is **not warm.**

frío (a)

Hace **frío** en el invierno.
No hace calor en el invierno.

---

colt

The baby horse is a **colt.**

potrillo

Un caballo muy joven es un **potrillo.**

comb

Jane's hair is tangled and she should **comb** it with her **comb.**

peine

El pelo de Juana está enredado y ella debe **peinárselo** con el **peine**.

---

come
comes
coming
came
come

Bill will **come** to my party.
Bill will **arrive** at my party.

venir

Guillermo **vendrá** a mi fiesta.
Guillermo **llegará** a mi fiesta.

---

concentrate

The teacher said, "Please **concentrate** on your lesson."
The teacher said, "Please **think only about** your lesson."

concentrar

La maestra dijo: "Por favor, **concéntrense** en la lección". La maestra dijo: "Por favor, **piensen solamente en** la lección".

cone

An ice cream **cone** is ice cream placed in a **cone-shaped** piece of pastry.

cono

Un **cono** de helado es un helado que se ha colocado en un barquillo **en forma de cono**.

cook

Mother is our **cook**.
Mother will **cook** our lunch.

cocinar

Mi madre es nuestra **cocinera**.
Mi madre nos **cocinará** el almuerzo.

cool

The weather is **cool** today.
The weather is **not warm and** it is **not very cold**.

fresco (a)

El tiempo está **fresco** hoy.
El tiempo **no** está ni **caluroso** ni **muy frío**.

copy

Can you **copy** this picture?
Can you **make a picture that looks the same?**
Please don't **copy** the way I dress. Please don't
dress the **same** as I.

copiar

¿Puedes **copiar** este dibujo? ¿Puedes **hacer un
dibujo igual a éste?**
Por favor, no me **copies** la manera de vestir.
Por favor, no te vistas **igual** que yo.

---

corn

Corn is a grain that grows on a corn cob.
Corn is good to eat.
When we grind grains of **corn,** we make **corn** meal.

maíz

El **maíz** es un grano que crece en una mazorca.
El **maíz** es bueno para comer.
Cuando molemos los granos del **maíz,**
hacemos harina de **maíz.**

---

corner

Bob waited for me on the **corner.**
Bob waited for me **where the two streets meet.**
Little Jack sat in a **corner.**
He sat **where two walls meet.**

esquina

Roberto me esperó en la **esquina.**
Roberto me esperó **donde se encuentran
las dos calles.**
El pequeño Juanito se sentó en un **rincón.**
Se sentó **donde se unen las dos paredes.**

cost

How much did the box of candy **cost?**
What was the **price** of the box of candy?

costar

¿Cuánto **costó** la caja de bombones?
¿Cuál fue el **precio** de la caja de bombones?

cottage

A **cottage** is
a small house.
We have a **cottage**
near the mountains.

cabaña

Una **cabaña** es
una casa pequeña.
Tenemos una **cabaña**
cerca de las montañas.

cough

When I breathe smoke, it makes me **cough.**
I **cough** when I have a bad cold.

toser

Cuando respiro humo, me hace **toser.**
Toso cuando tengo un resfrío fuerte.

count

Bill can **count** to ten.
Here are the numbers one through ten:
1, 2, 3, 4, 5, 6, 7, 8, 9, 10.
I will help you. You can **count** on me.
I will help you. You can **rely** on me.

contar

Guillermo puede **contar** hasta el número diez.
Éstos son los números del uno al diez:
1, 2, 3, 4, 5, 6, 7, 8, 9, 10.
Te ayudaré. Puedes **contar** conmigo.
Te ayudaré. Puedes **confiar** en mí.

cover

Please **cover** the baby with
a blanket.
Please **put the blanket over**
the baby.

cubrir

Por favor, **cubre** al bebé con
una manta.
Por favor, **ponle una manta
encima** al bebé.

cow

We get milk and meat
from a **cow**.

vaca

La **vaca** nos da la leche
y la carne.

crack

The dish has a **crack** in it.
The dish has a **small break** in it.

quebradura

El plato tiene una **quebradura.**
El plato tiene una **rajadura.**

---

cradle

Baby sleeps in a **cradle.**
Baby sleeps in a **small bed**
that rocks back and forth.

cuna

El bebé duerme
en la **cuna.**
El bebé duerme
en una **camita**
que se mece.

---

crawl

The baby is learning to **crawl** on her hands and knees.
The baby is learning to **move on her hands and knees.**
She will learn to walk after she learns to **crawl.**

gatear

El bebé aprende a **gatear** con las manos y las rodillas.
El bebé está aprendiendo a **moverse con las manos y las rodillas.**
Él aprenderá a caminar después de que aprenda a **gatear.**

crayon

A **crayon** is made of colored wax.
I like to color pictures
with **crayons.**

crayón

El **crayón** se hace de cera de colores.
Me gusta colorear con **crayones.**

cream

Cream is part of milk.
If we beat the **cream,** it will turn
into butter.
Mother puts another kind of **cream**
on her skin to keep it soft and pretty.

crema

La **crema** es parte de la leche.
Si batimos la **crema,** se convertirá en mantequilla.
Mi madre usa otra clase de **crema** para que
su piel se conserve suave y bonita.

creep
**creeps
creeping
crept
crept**

Watch Baby **creep** on her hands and knees.
Watch Baby **crawl** on her hands and knees.

arrastrarse

Mira cómo se **arrastra** el bebé con las
manos y rodillas.
Mira cómo **gatea** el bebé con las manos
y rodillas.

criticize

criticar

Bill asked the teacher to **criticize** his picture.

Guillermo le pidió a su maestra
que **criticara** su dibujo.

cross

cruzar

Mother said, "Do not **cross** the street."
Mother said, "Do not **go across** the street."

Mi madre dijo: "No **cruces** la calle".
Mi madre dijo: "No **atravieses** la calle".

crown

corona

The king wore a **crown** on his head.

El rey tenía una **corona**
en la cabeza.

cruel

The boy was **cruel** to his dog. The boy liked to see the dog suffer.

cruel

El niño fue **cruel** con su perro. Al niño le gustaba ver sufrir a su perro.

crumbs

I fed the birds some **crumbs** of bread.
I fed the birds some **small pieces** of bread.

migajas

Alimenté a los pájaros con **migajas** de pan.
Alimenté a los pájaros con algunos **pedacitos** de pan.

cry

When the baby gets hungry, she will **cry.** When the baby gets hungry, **tears will come** to her eyes and she will **yell.** Mary is **crying** because her friends treated her badly.

llorar

El bebito **llorará** cuando tenga hambre.
El bebito **tendrá lágrimas en los ojos** y **gritará** cuando tenga hambre.
María está **llorando** porque sus amigas la trataron mal.

cup
taza

The baby will drink her milk out of a **cup.**

El bebito tomará la leche en una **taza.**

---

cure
curar

Bob has a stomach ache but the doctor will **cure** it.

Roberto tiene dolor de estómago, pero el doctor lo **curará.**

---

curl
rizo

Linda has **curls** in her hair.

Linda tiene **rizos** en su pelo.

---

curved

A **curved** line is not a straight line.
This is a straight line.
This is a **curved** line.

curva

Una línea **curva** es una línea que no es recta.
Ésta es una línea recta. Ésta es una línea **curva.**

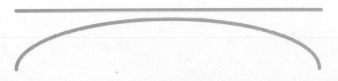

cushion

When Mother watches T.V., she puts a **cushion** behind her back.
When Mother watches T.V., she puts a **pillow** behind her back.

cojín

Cuando mi madre mira la televisión, se pone un **cojín** en la espalda.
Cuando mi madre mira la televisión, se pone una **almohada** en la espalda.

cut
cuts
cutting
cut
cut

Jim **cut** the apple with a knife.

cortar

Jaime **cortó** la manzana con un cuchillo.

cute

Our new puppy is **cute.**
Our new puppy is **little and pretty.**

gracioso (a)

Nuestro perrito nuevo es **gracioso.**
Nuestro perrito nuevo es **pequeño y lindo.**

dad
papá

I call my father **Dad.**

Llamo **papá** a mi padre.

---

dairy
dairies

We buy milk and butter at the **dairy.**

lechería

Compramos leche y mantequilla en la **lechería.**

---

dance

The children like to **dance.**
They like to **move in time with the music.**

bailar

A los niños les gusta **bailar.**
Les gusta **moverse al compás de la música.**

danger

If the light is red, do not cross the street.
The red light means **danger.**
The red light means **you may have an accident.**

peligro

No cruces la calle si la luz está roja.
La luz roja significa **peligro.**
La luz roja quiere decir que **puedes tener un accidente.**

---

dare

Do you **dare** to jump across the stream?
Are you **brave enough** to jump across the stream?

atreverse

¿Te **atreves** a saltar el arroyo?
¿Eres lo **bastante valiente** como para saltar el arroyo?

---

dark

At night the sky is **dark.**
At night the sky is **not light.**

oscuro (a)

El cielo está **oscuro** por la noche.
Por la noche el cielo **no está claro.**

dash

Mother called and I **dashed** home.
Mother called and I **hurried** home.

apresurarse

Mamá me llamó y **me apresuré**
a volver a casa.
Mamá me llamó y me **di
prisa** en volver a casa.

date

I look on the calendar
to see the
date of my birthday.
The calendar shows
the month, week and day
when I was born.

fecha

Miro el calendario para ver la **fecha**
de mi cumpleaños.
El calendario muestra el mes, la semana y
el día en que nací.

day

A **day** is 24 hours.
There are seven **days** in a week.
The first **day** of the week is Sunday.

día

El **día** tiene 24 horas.
La semana tiene 7 **días.**
El primer **día** de la semana es domingo.

decide

I must **decide** which dress to wear.
I must **make up my mind** which dress to wear.
I **decided** to wear the blue dress.

decidir

Debo **decidir** el vestido que me voy a poner.
Debo **resolver** qué vestido voy a usar.
Decidí usar el vestido azul.

---

deep

The water in the pond is **deep.**
Deep means how far in or down something goes.

hondo (a)

El agua del estaque es **honda.**
Hondo significa hasta qué profundidad puede bajar una cosa.

---

deer

The **deer** is a wild animal.
The **deer** eats grass and vegetables.
The father **deer** is called a buck.
The mother **deer** is called a doe.
The baby **deer** is called a fawn.

venado

El **venado** es un animal salvaje.
El **venado** come hierba y vegetales.
El **venado** padre es el ciervo.
El **venado** madre es la cierva.
El bebé del **venado** es un cervato.

definite

The date of the party is **definite.**
The date of the party **has been set and will not be changed.**

definitivo (a)

La fecha de la fiesta es **definitiva.**
La fecha de la fiesta **ha sido fijada y no será cambiada.**

delight

I will **delight** my sister with this gift.
She will be **happy** and it will give her **great joy.**

deleitar

Yo **deleitaré** a mi hermana con este regalo.
Ella se sentirá **feliz** y le daré una **gran alegría.**

deliver

The milkman **delivers** milk to our house.
The milkman **brings** milk to our house.

entregar

El lechero nos **entrega** la leche en casa.
El lechero nos **trae** la leche a casa.

demand

I **demand** that you return my pencil.
I **ask you** to return my pencil.

exigir

Exijo que me devuelvas mi lápiz.
Te pido que me devuelvas mi lápiz.

---

den

The rabbit went to his **den.**
The rabbit went to his **home.**
A **den** is the home of a wild animal.

madriguera

El conejo se fue para su **madriguera.**
El conejo se fue para su **casa.**
La **madriguera** es la casa de un animal salvaje.

---

dentist

I go to the **dentist** twice a year.
The **dentist** is a doctor.
He keeps my teeth healthy.

dentista

Voy al **dentista** dos veces al año.
El **dentista** es un doctor.
Mantiene
mis dientes sanos.

describe

Will you **describe** your vacation? Will you **tell about** your vacation?

describir

¿Me **describirás** tus vacaciones? ¿Me **contarás sobre** tus vacaciones?

---

desert

The **desert** is a large, sandy piece of land without trees and grass.
There is very little water and the sand is hot and dry on the **desert.**
Camels travel on the **desert.**

desierto

El **desierto** es una extensión grande y arenosa de terreno sin árboles ni hierba.
En el **desierto**
hay muy poca agua
y la arena es caliente
y seca.
Los camellos viajan
por el **desierto.**

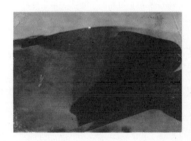

---

deserve

Mary helped her mother clean the house.
She **deserves** a piece of candy.
She **should have** a piece of candy.

merecer

María ayudó a su madre a limpiar la casa.
Ella **merece** un caramelo.
Ella **debería recibir** un caramelo.

desk

A **desk** is a table on which we write, read and draw.
I have a **desk** at school.

pupitre

Un **pupitre** es una
mesa sobre la cual
escribimos, leemos y dibujamos.
Yo tengo un **pupitre** en la escuela.

destroy

To **destroy** something means to ruin something.
Please don't **destroy** the book.
Please don't **tear up** the book.

destruir

Destruir significa **arruinar** algo.
Por favor, no **destruyas** el libro.
Por favor, no **rompas** el libro.

dew

The grass was covered with **dew** this morning.
The grass had **small drops of water** on it this
morning.

rocío

La hierba estaba llena de **rocío** por la mañana.
Había **gotitas de agua** sobre la hierba esta
mañana.

diamond

Mother has a **diamond** ring.
The **diamond** is a beautiful stone.
It is clear as glass and it sparkles.

diamante

Mi madre tiene un anillo de **diamantes.**
El **diamante** es una piedra hermosa.
Es claro como el cristal y brilla.

---

dictionary
dictionaries

A **dictionary** is a book that tells us the
meaning of words.
This book is a **dictionary.**

diccionario

El **diccionario** es un libro que nos dice el
significado de las palabras.
Este libro es un **diccionario.**

---

die

The mouse will **die** if he gets caught in the mousetrap.
The mouse **will not live** any longer if he gets
caught in the mousetrap.

morir

El ratón **morirá** si la ratonera lo atrapa.
El ratón **no vivirá** más si cae en la trampa.

different

The two balls are **different**. One is a baseball and the other is a football. **Different** means that they are **not the same.**

diferente

Las dos pelotas son **diferentes.** Una es una pelota de béisbol y la otra, una pelota de fútbol. **Diferente** significa que no son iguales.

dimension

What are the **dimensions** of your house? What is the **size** of your house?

dimensión

¿Cuáles son las **dimensiones** de tu casa? ¿Qué **tamaño** tiene tu casa?

direction

Which **direction** did the airplane go? Did it go **North, South, East or West?**

dirección

¿En que **dirección** fue ese avión? ¿Fue al **Norte, al Sur, al Este o al Oeste?**

dirt

Bill washed his hands to get the **dirt** off.
Bill washed his hands to get the **mud and dust** off.

suciedad

Guillermo se ha lavado las manos para quitarse la **suciedad**.
Guillermo se ha lavado las manos para quitarse **el fango y el polvo**.

---

dirty
dirtier
dirtiest

Bill washed his hands because they were **dirty**.
His hands were **not clean**.

sucio (a)

Guillermo se lavó las manos porque las tenía **sucias**.
Sus manos **no estaban limpias**.

---

disappear

The dog is eating his dinner.
Watch the food **disappear**.
Most of the food has been eaten.
Most of the food has **disappeared**.

desaparecer

El perro come su alimento.
Fíjate cómo **desaparece** la comida.
Se comió casi toda la comida.
Casi toda la comida ha **desaparecido**.

distance
What is the **distance** from here to your house?

distancia
¿Que **distancia** hay de aquí a tu casa?

---

divide
When we **divide** a thing, we **make it into parts.**
I will cut the apple into three pieces.

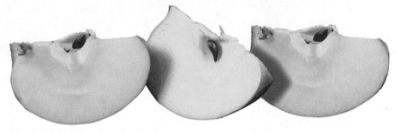

dividir
Cuando **dividimos** una cosa, la **separamos en partes.**
Yo cortaré la manzana en tres partes.

---

doctor
A **doctor** is a person that takes care of your health.
When I am sick, Mother takes me to the **doctor.**

médico
El **médico** es la persona que cuida de tu salud.
Cuando me enfermo, mi madre me lleva
al **médico.**

dog

John has a **dog.**
He feeds his **dog** every evening.

perro

Juan tiene un **perro.**
Le da de comer a su **perro** cada tarde.

---

donkey

The **donkey** is an **animal** that looks like a small horse.
The **donkey** has long ears.

burro

El **burro** es un **animal** que parece un caballo pequeño.
El **burro** tiene las orejas largas.

---

door

A **door** opens or shuts the entrance to a building or room.
I have a **door** on my clothes closet.

puerta

La **puerta** abre o cierra la entrada de un edificio o habitación.
Hay una **puerta** en el armario.

doorway
The **doorway** is where the door is.

entrada
La **entrada** está donde está la puerta.

---

dot
A **dot** is a small round spot.
At the end of this sentence is a **dot**.
We call this **dot** a period.

punto
Un **punto** es una marca pequeña y redonda.
Hay un **punto** al final de esta oración.
A esta marca la llamamos **punto** final.

---

dreadful
The teacher said, "Your writing is **dreadful**."
The teacher said, "Your writing is **very bad**."

terrible
El maestro dijo: "Tu caligrafía es **terrible**".
El maestro dijo: "Tu caligrafía es **muy mala**".

dresser

cómoda

A **dresser** is a piece of furniture.
We keep clothes in a **dresser.**

La **cómoda** es un mueble.
Guardamos ropa en la **cómoda.**

---

drill

taladro

A **drill** is a tool.
A **drill** makes holes
in wood or metal.

El **taladro** es una
herramienta.
El **taladro** abre huecos
en la madera o en el metal.

---

drink
drinks
drinking
drank
drunk

beber

When we **drink** we swallow a liquid.
Watch the baby **drink** her milk.
I **drank** my milk.

Cuando **bebemos,** tragamos líquidos.
Mira cómo la nenita **bebe** la leche.
Bebí la leche.

drive
**drives
driving
drove
driven**

My mother can **drive** the car.
My mother can **make the car go.**

conducir
Mi madre puede **conducir** el coche.
Mi madre puede **hacer que el coche** ande.

---

dromedary
dromedaries

The **dromedary** is a **camel** that has one hump on its back.
The **dromedary** is trained to run fast and carry things on its back.

dromedario

El **dromedario** es un **camello** que tiene una sola joroba en el lomo. Se entrena al **dromedario** para que corra con rapidez y lleve cosas en el lomo.

---

drop (1)
You may hold the kitten but you must not **drop** it.

dejar caer
Puedes sostener al gatito, pero no lo **dejes caer.**

drop (2)

A **drop** of rain fell on my nose.

gota

Una **gota** de lluvia me cayó en la nariz.

---

drown

If you go into deep water you may **drown.**
If you are under water and cannot breathe,
you may **die.**

ahogarse

Si entras en el agua profunda, puedes
ahogarte.
Si estás debajo del agua y no eres capaz
de respirar, puedes **morirte.**

---

drum

A **drum** is a musical instrument.
We beat the **drum** whith two sticks.
We beat some **drums** with our hands.

tambor

El **tambor** es
un instrumento
musical.
Hacemos sonar
el **tambor**
con dos palitos.
Hacemos sonar
algunos **tambores**
con nuestras manos.

dry

When something is **dry,** it is not wet.
If it doesn't rain, the ground will become **dry.**
If it rains, the ground will be wet.

seco (a)

Cuando algo está **seco,** no está mojado.
Si no llueve, la tierra se **secará.**
Si llueve, la tierra se mojará.

---

duck

A **duck** is a bird that can swim.
A **duck** has a wide bill and a short neck.

pato

Un **pato** es un ave que puede nadar.
El **pato** tiene el pico ancho y el cuello corto.

---

during

The teacher said, "Please do not chew gum **during** class."
The teacher said, "Please do not chew gum **while you are in** class."

durante

El maestro dijo: "Por favor, no masquen goma **durante** la clase".
El maestro dijo: "Por favor, no masquen goma **mientras estén** en la clase".

dust

The wind blows **dust.**
The wind blows **tiny bits of dirt.**

polvo

El viento levanta el **polvo.**
El viento levanta **partículas muy pequeñas de tierra.**

---

dwarf

A **dwarf** is a very small person.

enano

Un **enano** es una persona de pequeña estatura.

---

dwell

Where do you **dwell?**
Where do you **live?**

habitar

¿Dónde **habitas?**
¿Dónde **vives?**

each

My father gave **each** of the children a toy.

cada

Mi padre le dio a **cada** niño un juguete.

---

eager

Ann is **eager** to open the box.
Ann **wants very much** to open the box.

ansioso (a)

Ana está **ansiosa** por abrir la caja.
Ana **tiene muchas ganas de** abrir la caja.

---

eagle
águila

The **eagle** is a large bird.

El **águila** es un ave grande.

ear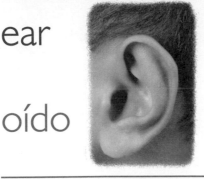

We have two **ears** to hear with.

oído

Tenemos dos **oídos** para oír.

---

early

I went to school **early** this morning.
Please come to my party and try to be **early.**

temprano

Fui **temprano** a la escuela esta mañana.
Por favor, ven a mi fiesta y trata de llegar
temprano.

---

earn

Roy is a lawyer.
He **earns** a lot of money.

ganar

Rogelio es un abogado.
Él **gana** mucho dinero.

earth

Mother planted flower seeds in the **earth.**
It was hard to dig a hole in the **earth.**

tierra

Mi madre plantó las semillas en la **tierra.**
Le resultó difícil abrir un hueco en la **tierra.**

East

The sun rises in the **East** and sets in the West.
When you face North the **East** is at your right.

Este

El sol sale por el **Este** y se pone por el Oeste.
Cuando mira al Norte, el **Este** queda a su derecha.

---

easy
**easier
easiest**

The puzzle is **easy** to work.
The puzzle is **not hard** to work.

fácil

El rompecabezas es **fácil** de armar.
El rompecabezas **no es difícil** de armar.

eat
eats
eating
ate
eaten

"Would you care for something to **eat?**"
"No, I have **eaten.**"
"I **ate** before I came here."
After the baby awoke, she **ate** cookies and milk.

comer

¿Deseas algo de **comer?**
No, ya **comí.**
Comí antes de venir.
Después que la nena
se levantó, **comió** galletas y tomó leche.

---

eclipse

When the moon moves between
the sun and the earth an **eclipse** occurs.
The moon **blocks out the light** from the sun.

eclipse

Cuando la luna se
coloca entre el sol
y la Tierra, se produce
un **eclipse.**
La luna **no deja
pasar la luz** del sol.

---

edge

The girl is standing at the water's **edge.**
She is standing where the water **ends.**

orilla

La niña está parada a la **orilla** del agua.
Está parada donde **termina** el agua.

egg

I ate an **egg** for breakfast.
Chickens lay **eggs.**
Birds lay **eggs,** too.
A baby bird is born
from an **egg.**

huevo

Me comí un **huevo** en el desayuno.
Las gallinas ponen **huevos.**
Las aves también ponen **huevos.**
El pajarito nace de un **huevo.**

eight

There are **eight** apples.
When you count them you say: 1, 2, 3, 4, 5, 6, 7, **8.**

ocho

Hay **ocho** manzanas.
Cuando las cuentas, dices: 1, 2, 3, 4, 5, 6, 7, **8.**

either

Here are two books. You may read **either** of them.
You may read **one or the other.**

cualquiera

Aquí hay dos libros. Puedes leer
cualquiera de ellos.
Puedes leer **uno o el otro.**

electric

Things that use electricity to work are called **electric.** The light bulb uses electricity. Mother's **electric** iron uses electricity.

eléctrico (a)

Se dice que son **eléctricas** las cosas que usan la electricidad para funcionar. Las bombitas de luz usan electricidad. La plancha **eléctrica** de mi madre usa electricidad.

elephant

The **elephant** is a large, thick skinned hoofed animal.

elefante

El **elefante** es un animal de piel gruesa que tiene cascos en las patas.

elevator

We use the **elevator** to go up in the building. The **elevator lifts** us to the floor that we are going to.

elevador

Usamos el **elevador** para subir a los pisos altos del edificio. El **elevador** nos **lleva** al piso adonde queremos ir.

empty
emptier
emptiest

The cookie jar is **empty.**
The cookie jar has **nothing in it.**

vacío (a)

El galletero está **vacío**
El galletero no tiene **nada adentro.**

---

endeavor

I must **endeavor** to pass the test.
I must **try** to pass the test.

esforzarse

Debo **esforzarme** en aprobar el examen.
Debo **tratar** de aprobar el examen.

---

enemy
enemies

A soldier fights the **enemy.**
He fights the **people who are against him.**
You are not my **enemy.**
You do not **hate** me.

enemigo

El soldado pelea con el **enemigo.**
Él pelea con **los que están en su contra.**
Tú no eres mi **enemigo.**
Tú no me **odias.**

engine

The **engine** pulls the railroad cars.

locomotora

La **locomotora** tira de los vagones del ferrocarril.

---

enjoy

Did you **enjoy** the movie?
Did you **like** the movie?
Did the movie **make you happy?**

disfrutar

¿**Disfrutaste** la película?
¿Te **gustó** la película?
¿Te **alegró** la película?

---

enough

Mary has **enough** cloth to make a doll dress.
Mary **has as much** cloth **as is needed** to make a doll dress.

suficiente

María tiene **suficiente** tela para hacer un vestido para la muñeca.
María tiene **tanta** tela **como necesita** para hacer un vestido para la muñeca.

envelope

When I write a letter, I put it in an **envelope.**
On the front of the **envelope** I write the name and address of the person to whom I am sending the letter.

sobre

Cuando escribo una carta, la pongo en un **sobre.** En el frente del **sobre** escribo el nombre y la dirección de la persona a quien le estoy enviando la carta.

escape

The bird cannot **escape** from the cage.
The bird cannot **get out** of the cage.

escapar

El pájaro no se puede **escapar** de la jaula.
El pájaro no puede **salir de** la jaula.

essential

Food and water are **essential** to stay alive.
We **must have** food and water to stay alive.

esencial

La comida y el agua son **esenciales** para vivir.
Debemos comer alimentos y beber agua para vivir.

even

At the end of the football game the score was **even**.
At the end of the football game the score was **tied**.

empatar

Los tantos estaban **empatados** al final del partido de fútbol.
Los dos equipos **tenían los mismos tantos** al final del partido de fútbol.

---

evening

The **evening** is the time after sunset.
After the **evening** it is night.

atardecer

El **atardecer** es la hora después de la puesta del sol.
Después del **atardecer** viene la noche.

---

every

I take a bath **every** day.
I take a bath **each** day.

cada

Me baño **cada** día.
Me baño **todos** los días.

everybody

Tom gave **everybody** a piece of candy.
Tom gave **everyone** a piece of candy.
Tom gave **each person** a piece of candy.

todo el mundo

Tomás le dio a **todo el mundo**
un caramelo.
Tomás le dio a **cada uno**
un caramelo.
Tomás le dio a **cada persona**
un caramelo.

---

everything

The boys put **everything** in one pile.
The boys put **all the
things** in one pile.

todo

Los niños lo ponen
todo en un montón.
Los niños ponen
todas las cosas
en un montón.

---

except

All of the flowers **except**
the blue one are red.
All of the flowers **but** the
blue one are red.

excepto

Todas las flores **excepto** la azul son rojas.
Todas las flores **menos** la azul son rojas.

exchange

Mary's new dress is too large.
Mary's mother will **exchange** the dress for
a smaller size.
She will go to the store and **swap** it for
a smaller size.

cambiar

El vestido nuevo de María es demasiado grande.
La madre de María **cambiará** el vestido por uno de
talla menor.
Irá a la tienda y lo **cambiará** por uno más pequeño.

---

excite

We were **excited** when
the postman delivered
a large box.
I get **excited** when
I hear the fire truck.

emocionarse

Nos **emocionamos** cuando el
cartero trajo una caja grande.
Me **emociono** cuando oigo el
camión de bomberos.

---

excuse

Please **excuse** me for being late.
Please **pardon** me for being late.

excusar

Por favor, **excúseme** por llegar tarde.
Por favor, **perdóneme** por llegar tarde.

exercise
We need to **exercise** to keep our body and mind healthy. When we run we **exercise** our legs.

hacer ejercicio
Necesitamos **hacer ejercicio** para mantenernos sanos de cuerpo y mente. Cuando corremos, **ejercitamos** las piernas.

---

exhausted
After playing football, I was **exhausted.**
After playing football, I was **very tired.**

agotado (a)
Quedé **agotado** después de jugar al fútbol.
Quedé **muy cansado** después de jugar al fútbol.

---

expect
We **expect** it will snow today. We **think** it will snow today.

esperar
Esperamos que hoy nieve. **Pensamos** que hoy nevará.

---

eye
We see with our **eyes.**
We have two **eyes** to see with.

ojo
Vemos con nuestros **ojos.**
Tenemos dos **ojos** para ver con ellos.

face

My **face** is the front part
of my head.

cara

La **cara** es la parte delantera
de la cabeza.

---

fact

A **fact** is something that is true.
It is a **fact** that Tom has red hair.

hecho

Un **hecho** es algo que es verdad.
Es un **hecho** que Tomás es pelirrojo.

---

factory
factories

A **factory** is a building where things are made.
Furniture is made in a **factory**.
Cars are made in a **factory**.

fábrica

Una **fábrica** es un edificio donde se hacen cosas.
Los muebles se hacen en una **fábrica**.
Los automóviles se hacen en una **fábrica**.

fade

Some cloths will **fade.**
Some cloths will **lose their color.**

decolorar

Algunas telas se **decolorarán.**
Algunas telas **perderán su color.**

---

fail

Bill **failed** to hit the ball.
Bill **was not able** to hit the ball.

fallar

Guillermo **falló** al tratar de pegarle a la pelota.
Guillermo **no fue capaz** de pegarle a la pelota.

---

fair

We will play the game but you must play **fair.**

honestamente

Jugaremos, pero debes hacerlo **honestamente.**

fairy
fairies

hada

A **fairy** is a make-believe person that can do magic tricks.
We read about **fairies** in books.

Un **hada** es una persona imaginaria que puede hacer trucos mágicos.
Leemos sobre las **hadas** en los libros.

---

fall
falls
falling
fell
fallen

caer

Hold the baby's hand and don't let her **fall**.
The snow began to **fall**.
The leaves began to **come down**.

Toma la mano de la nena y no la dejes **caer**.
La nieve comenzó a **caer**.
La hojas comenzaron a **caer**.

---

false
falso (a)

A **false** story is a story that is **not true**.

Una historia **falsa** es algo que **no es cierto**.

family
families

The mother and father and their children are a **family.**

familia

La madre, el padre y los hijos son una **familia.**

---

fan

We use a **fan** to keep us cool.
The **fan** moves air around the room.

ventilador

Usamos un **ventilador** para refrescarnos.
El **ventilador** mueve el aire por toda la habitación.

---

far
lejos

The airplane is **far** away. The airplane is **not near.**

El avión está **lejos.** El avión **no está cerca.**

farm

A **farm** is a piece of
land in the country.
A **farm** is where our
food is grown.

finca

Una **finca** es una
superficie de tierra en el campo.
La **finca** es el lugar donde crecen nuestros alimentos.

---

farmer

The **farmer** lives on a farm.
The **farmer** is the person that grows our food.

campesino

El **campesino** vive en una finca.
El **campesino** es la persona que
cultiva nuestros alimentos.

---

fat
fatter
fattest

The dog eats too much and he is **fat**.
The dog eats too much and he is **not thin**.

gordo (a)

El perro come demasiado y está **gordo**.
El perro come demasiado y **no está flaco**.

father

My **father** is
my mother's
husband.
I am the son
of my **father**
and mother.

padre

Mi **padre** es el
esposo de mi madre.
Soy el hijo de mi
padre y de mi madre.

---

fatigued

If you work or play too much, you will become
fatigued.
If you work or play too much, you will become
very tired and weary.
When you are **fatigued,** you are **exhausted.**

fatigado (a)

Si trabajas o juegas demasiado,
te **fatigarás.**
Si trabajas o juegas demasiado, te sentirás
muy cansado y agotado.
Cuando te **fatigas,** te **agotas.**

---

fault

The milk spilled but it was not my **fault.**

culpa

La leche se derramó, pero no fue por mi **culpa.**

fear

I **fear** the dog when he barks at me.
I am **afraid** of the dog when he barks at me.

temer

Le **temo** al perro cuando me ladra.
Le **tengo miedo** al perro cuando me ladra.

feather

A **feather** fell from the bird's wing. Some animals are covered with hair. Birds are covered with **feathers.**
Sometimes we say things are light as a **feather.**

pluma

Del ala del pájaro cayó una **pluma.** Algunos animales están cubiertos de pelo. Las aves están cubiertas de **plumas.**
Algunas veces decimos que hay cosas livianas como una **pluma.**

feed
feeds
feeding
fed
fed

I go to the pond and **feed** the fish.
I go to the pond and **give food** to the fish.

alimentar

Voy al estanque y **alimento** a los peces.
Voy al estanque y **doy de comer** a los peces.

feel
feels
feeling
felt
felt
sentir

Would you like to **feel** how soft the kitten is?
Would you like to **touch** the kitten?

¿Te gustaría **sentir**
lo suave que es el gatito?
¿Te gustaría **tocar**
al gatito?

---

feet
foot

All of us have two **feet.**

pies

Todos tenemos dos **pies.**

---

feign

Mother said, "Don't lie in bed and **feign** sleep."
Mother said, "Don't lie in bed and **pretend** that
you are asleep."

fingir

Mi madre dijo: "No te quedes en la cama **fingiendo**
que duermes".
Mi madre dijo: "No te quedes en la cama
simulando que estás dormido".

F

fellow

The young **fellow** doesn't feel well.
The young **boy** doesn't feel well.

chico

El **chico** no se siente bien.
El **muchacho**
no se siente bien.

---

fence

We have a **fence** around our yard.
Our dogs cannot get outside the **fence**.
This **fence** is made of wire but some **fences** are
made of wood.

cerca

Tenemos una **cerca** alrededor de nuestro patio.
Nuestros perros no pueden salirse de la **cerca**.
Esta **cerca** está hecha de alambre, pero algunas
cercas son de madera.

---

few

There are **few** flowers on this side of the hill.
There are **not many** flowers on this side of the hill.

pocos (as)

Hay **pocas** flores en este lado de la loma.
No hay muchas flores en este lado
de la loma.

field

A **field** is a **flat piece** of land.
Sometimes grass grows in a **field**.
Sometimes the farmer grows corn in a **field**.

llanura

Una **llanura** es una **superficie de tierra plana**.
Algunas veces la hierba crece en la **llanura**.
Algunas veces el campesino cultiva maíz en la **llanura**.

---

fierce

The tiger is a **fierce** animal.
The tiger is a **savage** animal.

feroz

El tigre es un animal **feroz**.
El tigre es un animal **salvaje**.

---

fictitious

Mother said that my story was **fictitious**.
Mother said that my story was **untrue**.
She knew that I had made up a **false** story.

ficticio (a)

Mi madre dijo que mi historia era **ficticia**.
Mi madre dijo que mi historia **no era cierta**.
Ella sabía que yo inventé una historia **falsa**.

file

fila

We entered the classroom
in single **file.**
We entered the classroom in one
line, each pupil behind the other.

Entramos al aula en **fila.**
Entramos al aula en **hilera**
y caminamos uno detrás del otro.

---

fill

llenar

We watched the man **fill** the pool with water.
The man **filled** the pool with water.

Miramos al hombre mientras **llenaba** la piscina de
agua.
El hombre **llenó** la piscina de agua.

---

finally

finalmente

I thought my dog was lost but he **finally** came home.
At last he came home.

Pensé que mi perro se había perdido, pero
finalmente regresó a casa. **Al fin** volvió.

find
finds
finding
found

Did Tom **find** his coat?
Did Tom **see** his coat?
Tom **found** his coat in the closet.

encontrar

¿**Encontró** Tomás su abrigo?
¿**Vio** Tomás su abrigo?
Tomás **encontró** su abrigo en el armario.

---

fine

I drew a **fine** line on the paper.
I drew a **thin** line on the paper.

fino (a)

Tracé una línea **fina** en el papel.
Tracé una línea **delgada** en el papel.

---

finger

Mary has a ring on her **finger.**
We use our **fingers** to feel
and pick up things.

dedo

María tiene un anillo en el **dedo.**
Usamos los **dedos**
para tocar y recoger cosas.

finish

Tom will **finish** his dinner soon.
Tom will **come to the end** of his dinner soon.
When Tom has **finished** his dinner, he will do his homework.

terminar

Tomás **terminará** de cenar pronto.
Tomás **dará fin** a su cena pronto.
Cuando Tomás haya **terminado** de cenar, hará su tarea.

fire

A **fire** is hot and we must not get too near it.
A **fire** can be good or it can be bad.
We use a **fire** to cook our food.
Sometimes a **fire** will burn down a house.

fuego

El **fuego** es caliente y no debemos acercarnos mucho a él.
El **fuego** puede ser bueno y puede ser malo.
Usamos el **fuego** para cocinar nuestros alimentos.
Algunas veces el **fuego** puede quemar una casa.

fire alarm

We use a **fire alarm** to warn the fireman that there is a fire somewhere.

alarma de incendios

Usamos la **alarma de incendios** para avisarles a los bomberos que hay un incendio en alguna parte.

fireman

A **fireman** is a person that protects us from fires. The **fireman** is trained to put out fires.

bombero

El **bombero** es la persona que nos protege del fuego. El **bombero** se entrena para apagar incendios.

---

first

Jim got in the school bus **first.**
Jim got in the school bus **before anyone else.**
January is the **first** month of the year.

primer (a)

Jaime entró **primero** en el ómnibus de la escuela.
Jaime entró en el ómnibus de la escuela **antes que los demás.**
Enero es el **primer** mes del año.

---

fish
fish

A **fish** is an animal that lives in the water.
Some **fish** are good to eat.

pez

El **pez** es un animal que vive en el agua.
Algunos **peces** son buenos para comer.

fit

I will try the coat on to see if it will **fit**.
I will try the coat on to see if it is the **right size**.

servir

Me probaré el abrigo para ver si me **sirve**.
Me probaré el abrigo para ver si es **de mi talla**.

---

five

When we count to **five,** we say: 1, 2, 3, 4, **5**.

cinco

Cuando contamos hasta **cinco,** decimos: 1, 2, 3, 4, **5**.

---

fix

The toy is broken but I can **fix** it.
The toy is broken but I can **put it together** again.

arreglar

El juguete está roto, pero puedo **arreglarlo**.
El juguete está roto, pero puedo **componerlo**.

flag

Each country has a different **flag.**

bandera

Cada país tiene una **bandera** diferente.

---

flame
llama

When a fire burns, it makes a **flame.**

Cuando el fuego arde, sale una **llama.**

---

flamingo

A **flamingo** is a large bird that lives where the weather is warm.
The color of the **flamingo** is reddish orange.
It has long legs and wades in the water.

flamenco

El **flamenco** es un ave que vive donde hace calor.
El color de los **flamencos** es anaranjado rojizo.
Tiene patas largas y anda en el agua.

flash

Watch the light on the police car **flash.**
Watch the light on the police car **go on and off.**

destellar

Mira cómo **destella** la luz del auto de la policía.
Mira cómo **se enciende y se apaga** la luz del auto de la policía.

---

flat

The desk has a **flat** top.
The desk has an **even** top.

liso (a)

La parte de arriba del escritorio es **lisa.**
La parte de arriba del escritorio es **plana.**

---

float

A boat will **float** on the water.
A boat will **stay on top of the water.** The boat **will not sink.**

flotar

Un bote **flotará** sobre el agua.
Un bote **se mantendrá sobre el agua.** El bote **no se hundirá.**

floor

The **floor** is the bottom part of a room.
Mother puts wax on the **floor.**

piso

El **piso** es la parte de abajo de una habitación.
Mi madre encera el **piso.**

---

flour

Flour is made from
wheat.
Bread and cakes are
made from **flour.**

harina

La **harina** se hace del trigo.
El pan y los pasteles se hacen con **harina.**

---

flow

See the water **flow**
over the dam.
See the water **run**
over the dam.

fluir

Mira cómo **fluye**
el agua sobre la presa.
Mira cómo **corre**
el agua sobre la presa.

flower

I gave a **flower** to my teacher. **Flowers** are pretty to look at and they smell nice. There are many different kinds of **flowers**.
A tulip is a **flower**. A rose is a **flower**.

flor

Le di una **flor** a mi maestra. Las **flores** son bonitas para mirar y huelen bien.
Hay muchas clases diferentes de **flores**.
El tulipán es una **flor**. La rosa es una **flor**.

---

fly (1)
flies
flying
flew
flown
volar

Birds can **fly**.
Birds can **move their wings up and down and stay in the air.**

Las aves pueden **volar**.
Las aves pueden **mover sus alas hacia arriba y hacia abajo y mantenerse en el aire.**

---

fly (2)
flies
mosca

A **fly** is a small insect with wings.
A **fly** is not clean.

La **mosca** es un insecto pequeño que tiene alas.
La **mosca** no es higiénica.

F

fold

doblar

When I write a letter, I **fold** it.
I **bend** one half of the paper over the other.

Después que escribo una carta, la **doblo**.
Doblo una mitad de papel sobre la otra mitad.

foliage

follaje

In the autumn the **foliage** on the trees is beautiful.
In the autumn the **leaves** on the trees are beautiful.
The **foliage** turns bright red and orange.
The **leaves** turn bright red and orange.

El **follaje** de los árboles es
hermoso en el otoño.
Las **hojas** de los árboles
son hermosas en
el otoño.
El **follaje** se pone
rojo brillante
y anaranjado.
Las **hojas** se ponen rojas brillantes y anaranjadas.

follow

seguir

The dog likes to **follow** me.
The dog likes to **walk behind me.**

Al perro le gusta **seguirme**.
Al perro le gusta **caminar detrás** de mí.

fond

Mary is **fond** of the cat.
Mary **likes** the cat.

afectuoso (a)

María es **afectuosa**
con el gato.
A María le **gusta** el gato.

---

food

We try to eat **food** that is good for us.
When we eat dinner, we eat **food.**

alimento

Tratamos de comer **alimentos** que sean buenos
para nosotros.
Cuando cenamos, comemos **alimentos.**

---

foot
feet

I have a left **foot** and a right **foot.**
My two **feet** are at the
bottom of my legs.
There is a small house
at the **foot** of the hill.
There is a small house
at the **base** of the hill.

pie

Tengo un **pie** izquierdo y un **pie** derecho.
Mis dos **pies** están al final de mis piernas.
Hay una casita al **pie** de la loma.
Hay una casita en la **base** de la loma.

forehead

The **forehead** is the part of the head above the eyes and below the hair.

frente

La **frente** es la parte de la cara que está sobre los ojos y debajo del cabello.

forest

The **forest** is where **many trees** grow.

bosque

El **bosque** es el lugar donde crecen **muchos árboles.**

forget
forgets
forgetting
forgot
forgotten

Did you **forget** to brush your teeth?
Did you **not remember** to brush your teeth?

olvidar

¿**Olvidaste** cepillarte los dientes?
¿**No recordaste** cepillarte los dientes?

forgive
forgives
forgiving
forgave
forgiven

Please **forgive** me for stepping on your foot.
Please **don't be angry with me** for stepping on your foot.

perdonar

Por favor, **perdóname** por haberte pisado el pie.
Por favor, **no te enojes conmigo** por haberte pisado el pie.

---

fork

We eat with a **fork.**

tenedor

Comemos con un **tenedor.**

---

forward

If we move **forward**
we move **ahead.**
The teacher said,
"Take one step **forward.**"
The teacher said,
"Take one step **out in front.**"

adelante

Si nos movemos **hacia adelante, avanzamos.**
La maestra dijo: "Den un paso **adelante**".
La maestra dijo: "Den un paso **al frente**".

139

four

There are **four** seasons in the year.
The **four** seasons are winter, spring, summer and autumn.

cuatro

Hay **cuatro** estaciones en el año.
Las **cuatro** estaciones son: invierno, primavera, verano y otoño.

---

fox
foxes

A **fox** is an animal that looks like some dogs.
The **fox** has pointed ears and a bushy tail.

zorro

El **zorro** es un animal que se parece a algunos perros.
El **zorro** tiene orejas puntiagudas y una cola peluda.

---

free(1)
freer
freest

Will you come to the show it if is **free?**
Will you come to the show if it **costs nothing?**

gratis

¿Vendrás al espectáculo si es **gratis?**
¿Vendrás al espectáculo si **no tienes que pagar entrada?**

free(2)
liberar

Jane **freed** the bird. Jane set the bird **loose.**

Juana **liberó** al pájaro. Juana **soltó** al pájaro.

---

freeze
freezes
freezing
froze
frozen

congelar

When the weather is very cold the water will **freeze.** When the water **freezes** it turns to ice.

Cuando el tiempo esté muy frío, el agua se **congelará.**
Cuando el agua se **congela,** se convierte en hielo.

---

fresh

fresco (a)

This bread is very **fresh.**
This bread **has just been baked.**

Este pan está muy **fresco.**
Este pan **se acaba de hornear.**

Friday

viernes

Friday is a day of the week. **Friday** is the **day before Saturday.**

El **viernes** es un día de la semana. El **viernes** es el día que viene **antes que el sábado.**

friend

Bob is my **friend**. A **friend** is a person that you like. A **friend** is a person that you can trust. Mary and Ann are **friends.**

amigo (a)

Roberto es mi **amigo**. Un **amigo** es una persona por quien tú sientes simpatía. Un **amigo** es una persona en quien puedes confiar. María y Ana son **amigas.**

frighten

The storm did not **frighten** me.
The storm did not **make me afraid.**

asustar

La tormenta no me **asustó**. La tormenta no me **hizo sentir miedo.**

frog

The **frog** is a small animal that can jump very far. He has strong back legs. The **frog** can live in the water or outside the water.

rana

La **rana** es un animalito que puede dar grandes saltos. Tiene las patas traseras muy fuertes. La **rana** puede vivir dentro o fuera del agua.

fruit

I like to eat **fruit. Fruit** is healthy. There are many different kinds of **fruit**. Oranges, apples, grapes, peaches and cherries are **fruits.**

fruta

Me gusta comer **fruta**. La **fruta** es sana. Hay muchas clases de frutas. Las naranjas, las manzanas, las uvas, los duraznos y las cerezas son **frutas.**

fry

Mother will **fry** the fish.
She will **cook** the fish in a **pan on top of the stove.**

freír

Mi madre **freirá** el pescado.
Cocinará el pescado en una sartén **sobre el hornillo.**

---

function

How does the machine **function?** How does the machine **work?**

funcionar

¿Cómo **funciona** la máquina? ¿Cómo **trabaja** la máquina?

---

furnace

We have a **furnace** in our basement. The **furnace** is a **large stove** that keeps our house warm. Our **furnace** burns oil.
Some **furnaces** burn coal.

estufa

Tenemos una **estufa** en el sótano. La **estufa** es un **horno grande** que calienta nuestra casa. Nuestra **estufa** trabaja con petróleo.
Algunas **estufas** trabajan con carbón.

---

furniture

People have **furniture** in their houses.
Tables, chairs, beds and **lamps** are **furniture.**

mueble

Las personas tienen **muebles** en su casa. Las **mesas,** las **sillas,** las **camas** y las **lámparas** son **muebles.**

gain

Tom will not **gain** anything by being rude.
Tom will not **get** anything by being rude.

ganar

Tomás no **ganará** nada con ser rudo.
Tomás no **conseguirá** nada con ser rudo.

---

game

Football is a **game.**
Baseball is a **game.**

juego

El fútbol es un **juego.**
El béisbol es un **juego.**

---

garage

Father keeps the car in the **garage.**
The **garage** is a special room made just for the car.

garaje

Mi padre guarda su automóvil en el **garaje.**
El **garaje** es un lugar construido especialmente para el automóvil.

garden

A **garden** is a **place where plants grow.** We grow vegetables in **a garden.**

jardín

El **jardín** es el **lugar donde crecen las plantas.** Cultivamos vegetales en el **jardín.**

---

garland

A **garland** of flowers is a **ring** of flowers.
Judy made a **garland** of daisies and put it on her head.
Judy made a **ring** of daisies and put it on her head.
A **garland** is also called a **wreath.**

guirnalda

Una **guirnalda** de flores es un aro de flores.
Julia hizo una **guirnalda** de margaritas y se la puso en la cabeza.
Julia hizo un **aro** de margaritas y se lo puso sobre la cabeza.
Una **guirnalda** es también llamada una **corona.**

---

gasoline

The car must have **gasoline** to make it go.
Father buys **gasoline** at the **gasoline** station.

gasolina

El auto debe tener **gasolina** para funcionar.
Mi padre compra **gasolina** en la gasolinera.

gather

Mary will **gather** some flowers for the teacher.

recoger

María **recogerá** algunas flores para la maestra.

---

gentle

Judy has a **gentle** voice.
Judy has a **soft and kind** voice.

suave

Julia tiene una voz **suave.**
Julia tiene la voz **melodiosa y dulce.**

---

giant

A **giant** is **large and strong.**
The large, strong man in the story was a **giant.**
When a tree is **very large,** we sometimes
call it a **giant.**

gigante

Un **gigante** es **grande y fuerte.**
El hombre grande y fuerte del cuento era un
gigante.
Cuando un árbol es **muy grande,** a veces lo
llamamos **gigante.**

gift

Sean gave Tim a **gift**.
Sean gave Tim a **present**.

regalo

Juan le dio un **regalo** a Timoteo.
Juan le dio un **presente** a Timoteo.

---

giraffe

The **giraffe** is an **animal** that has spots
on his body.
The **giraffe** has long legs and a very
long neck.
A **giraffe** can stand on the ground and **eat**
leaves from tall trees.

jirafa

La **jirafa** es un **animal** que tiene manchas
en el cuerpo.
La **jirafa** tiene las patas largas y el cuello
muy largo.
La **jirafa** puede estar parada en el suelo
y comer hojas de los árboles altos.

---

girl

John is a boy and Mary is a **girl**.
When Mary grows up, she will
be a woman.

niña

Juan es un niño y María es una **niña**.
Cuando María crezca, será una mujer.

give
gives
giving
gave
given

Would you **give** me one of your pencils?
Would you **let me have** one of your pencils?
The lady at the store **gave** me gum.
She **did not let me pay** for the gum.

dar

¿Me **darías** uno de tus lápices? ¿Me **dejarías tener** uno de tus lápices?
La señora de la tienda me **dio** goma de mascar.
No me dejó pagar por la goma de mascar.

---

glad

Jim is **glad** that his dog came home.
Jim is **happy** that his dog came home.

contento (a)

Jaime está **contento** porque su perro regresó a casa.
Jaime se siente **feliz** porque su perro regresó a casa.

---

glass(1)
vidrio

The window is made of **glass.**

La ventana está hecha de **vidrio.**

glass(2)
glasses

We drink milk from a **glass.**

vaso

Bebemos leche en un **vaso.**

---

glove

A **glove** is worn on the hand.
The **gloves** keep our hands warm.

guante

El **guante** se usa en la mano.
Los **guantes** nos calientan las manos.

---

gnu

The **gnu** is a funny-looking animal that lives in Africa.
This is a **gnu.**

ñu

El **ñu** es un
animal extraño que
vive en el África.
Esto es un **ñu.**

go(1)
**goes
going
went
gone**

ir

Let's **go** for a walk down the road.

Vamos a caminar
por la carretera.

go(2)
**goes
going
went
gone**

funcionar

What makes the car **go**?
What makes the car **work**?

¿Qué hace **andar** al auto?
¿Qué hace **funcionar** al auto?

goat

cabra

A **goat** is an animal that lives on the farm.
The **goat** has horns and a beard.

La **cabra** es un animal
que vive en una finca.
La **cabra** tiene cuernos
y barba.

gold

Gold is a beautiful yellow **metal.**
Mother has a watch made of **gold.**
I have a **gold** ring.

oro

El oro es un hermoso **metal** amarillo.
Mi madre tiene un reloj de **oro.**
Tengo un anillo de **oro.**

---

good
better
best

I eat vegetables because they are **good** for me.
I eat vegetables because they help **make me healthy.**
Jane is a **good** girl. Jane is **not a bad** girl.

buen (a)

Como hortalizas porque son **buenas** para mí.
Como hortalizas porque me ayudan a **mantenerme sano.**
Juana es una niña **buena.** Juana **no es** una niña **mala.**

---

goose
geese

A **goose** is a large **bird** that can swim.
A **goose** looks like a duck but it has a longer neck.
A **goose** is good to eat.

ganso

Un **ganso** es un **ave** grande que puede nadar.
El **ganso** se parece a un pato, pero tiene el cuello
más largo. El **ganso** es bueno para comer.

gorilla

gorila

The **gorilla** is an **animal** that lives in Africa.
The **gorilla** walks and moves almost like a person.

El **gorila** es un **animal** que vive en África.
El **gorila** camina y se mueve casi como una persona.

---

grade
grado

Bob is in the first **grade** at school.

Roberto está en primer **grado** en la escuela.

---

grain

My breakfast cereal is made from **grain**. My breakfast cereal is made from corn. Wheat is a **grain** and rice is a **grain** too.
A **tiny piece** of salt is a **grain** of salt.
A tiny piece of sand is called a **grain** of sand.

grano

Mi cereal del desayuno está hecho de **granos**.
El cereal del desayuno está hecho de maíz.
El trigo es un **grano** y el arroz es un **grano** también.
Una **pequeña porción** de sal es un **grano** de sal. Una pequeña porción de arena es un **grano** de arena.

grandmother

Your mother's mother is your **grandmother.**
Your father's mother is your **grandmother** too.

abuela

La madre de tu mamá es tu **abuela.**
La madre de tu papá también es tu **abuela.**

---

grape

A **grape** is a fruit. A **grape** is red, purple or green.
Grapes grow in bunches on a vine.

uva

La **uva** es una fruta. La **uva** es roja, morada o verde.
Las **uvas** crecen en racimos en la parra.

---

grass

We have **grass** in our yard.
Grass is a **plant**
that covers our lawn.
Some animals eat **grass.**

hierba

Nosotros tenemos **hierba**
en nuestro jardín.
La **hierba** es una **planta**
que cubre el suelo.
Algunos animales
comen **hierba.**

great

The blue whale is a **great** animal.
The blue whale is the **biggest** animal in the world.

gran(de)

La ballena azul es un animal **grande**.
La ballena azul es el animal **más grande** del mundo.

greedy

Please eat some pie but don't be **greedy**.
Please eat some pie but don't eat **more than your share.**

glotón

Por favor, come pastel pero no seas **glotón**.
Por favor, come pastel pero no comas **más de lo que debes.**

ground

The farmer puts seed in the **ground**.
The farmer puts seed in the **earth**.

suelo

El campesino echa semillas en el **suelo**.
El campesino echa semillas en la **tierra**.

group

The teacher asked the children to move into a **group.** The teacher asked the children to move **close together. Several people** or **things together** are a **group.**

grupo

El maestro pidió a los niños que formaran un **grupo.** El maestro les pidió a los niños que se pusieran **todos juntos.**
Varias personas o **cosas juntas** forman un **grupo.**

grow
grows
growing
grew
grown
crecer

When you **grow,** you get larger.
The plant will **grow.**
The animal will **grow.**

Cuando **creces,** te pones más alto.
La planta **crecerá.** El animal **crecerá.**

guarantee

I **guarantee** that I will come to your party.
I **promise for sure** that I will come to your party.

garantizar

Te **garantizo** que vendré a tu fiesta.
Yo **te aseguro** que vendré a tu fiesta.

guess(1)
Can you **guess** the number?
Can you **think** of the right number?

adivinar
¿Puedes **adivinar** el número?
¿Puedes **pensar** en el número correcto?

---

guess(2)
I **guess** you can do it.

suponer
Supongo que lo puedes hacer.

---

guest
Bill was a **guest** at John's house.
Bill was a **visitor** at John's house.
We had **guests** for lunch.
We had **company** for lunch.

huésped
Guillermo fue un **huésped** en la casa de Juan.
Guillermo fue un **invitado** en la casa de Juan.
Tuvimos **huéspedes** para el almuerzo.
Tuvimos **visitas** para el almuerzo.

guide

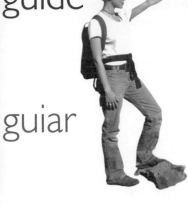

Jane will **guide** you to Mary's house.
Jane will **show you the way**
to Mary's house.

guiar

Juana las **guiará** hasta la casa de María.
Juana les **enseñará el camino** que
los llevará a casa de María.

---

gum

The flesh around the base of
my teeth is called a **gum.**

encía

La carne que cubre la parte
inferior de mis dientes
se llama **encía.**

---

gust

A **gust** of wind blew Tom's cap from his head.
A sudden, strong rush of air is called a **gust.**

ventarrón

Un **ventarrón** le arrancó la gorra
de la cabeza a Tomás.
Un **aire repentino y fuerte** se llama un
ventarrón.

hair

Hair grows on a person's **head.**

cabello

El **cabello** crece en la cabeza de las personas.

half
halves

Jane broke the candy in **half.**
Jane broke the candy
in **two pieces.**
Each piece was
the same size.

mitad

Juan partió el dulce por la **mitad.**
Juan partió el dulce en **dos pedazos.**
Cada pedazo tenía el mismo tamaño.

hand

We use our **hand** to pick up things.
We have two **hands.**
There are five **fingers** on each

mano

Usamos la **mano** para tomar cosas.
Tenemos dos **manos.**
Cada **mano** tiene cinco dedos.

handkerchief

I carry a **handkerchief** in my pocket.
The **handkerchief** is a piece of cloth.
I blow my nose in the **handkerchief.**

pañuelo

Llevo un **pañuelo** en el bolsillo.
El **pañuelo** es un pedazo de tela.
Me sueno la nariz con un **pañuelo.**

---

handle

The cup has a **handle.** This pan has a **handle.**
A **handle** is used for picking something up.

asa

La taza tiene un **asa.** Esta sartén tiene un **asa.**
El **asa** se usa para levantar algo.

---

handsome

Mary's father is **handsome.**

guapo (a)

El padre de María **es guapo.**

hang
**hangs
hanging
hung
hung**

We **hang** our clothes in the closet.

colgar

Colgamos la ropa en el armario.

---

happen

Did you see the accident **happen?**

suceder

¿Viste cómo **sucedió** el accidente?

---

happy
**happier
happiest**

The new bike made Tom **happy.**
The new bike made Tom **joyful!**
The new bike made Tom **very pleased!**

feliz

La nueva bicicleta
hizo **feliz** a Tomás.
¡La bicicleta nueva llenó
de **alegría** a Tomás!
¡La nueva bicicleta
puso **muy contento**
a Tomás!

hard

Bill won the race but it was **hard** to do.
Bill won the race but it was **not easy to do.**
A rock is **hard.**
A rock is **not soft.**

duro (a)

Guillermo ganó la carrera, pero le
resultó **duro.**
Guillermo ganó la carrera,
pero **no le fue fácil.**
La roca es **dura.**
La roca **no es blanda.**

hare

The **hare** is a rabbit.
The **hare** is larger than
most rabbits.

liebre

La **liebre** es un conejo.
La **liebre** es más grande que la mayoría de los
conejos.

harm

Please do not **harm** the cat.
Please do not **hurt** the cat.

dañar

Por favor, no **dañes** al gato.
Por favor, no **lastimes** al gato.

harmony

The people live in **harmony.**
The people are **peaceful and friendly.**
The group sings in **harmony.**
The group sings **together.**

armonía

Las personas viven
en **armonía.**
Las personas son
**pacientes
y amistosas.**
El grupo canta
con **armonía.**
El grupo canta **junto.**

hatch

The hen sits on the eggs to **hatch** them.
In three weeks chicks will **come out of** the eggs.

empollar

La gallina se echa sobre los huevos para
empollarlos.
En tres semanas los pollitos **saldrán de** los huevos.

hate

Do you **hate** me?
Do you **dislike me very much?**

odiar

¿Me **odias?**
¿Te **disgusto mucho?**

have
has
having
had

tener

I **have** a new radio.
I **own** a new radio.

Yo **tengo** un radio nuevo.
Yo **poseo** un radio nuevo.

---

hay

heno

Hay is dried grass.
The farmer feeds **hay**
to the cows.

El **heno** es hierba seca.
El campesino alimenta a las vacas con **heno.**

---

head

cabeza

The **head** is the top part of our body.
The **head** is above our neck.
We have hair on the top of our **head.**
Bob is **head** in his class.
Bob is **first** in his class.

La **cabeza** es la parte superior de nuestro cuerpo.
La **cabeza** está encima del cuello.
Tenemos cabello en la parte superior de la **cabeza.**
Roberto es la **cabeza** de su clase.
Roberto es el **primero** en su clase.

hear
hears
hearing
heard

Did you **hear** the music?
Did you **listen to** the music?
We **hear** with our ears.

oír

¿**Oíste** la música? ¿**Escuchaste** la música?
Oímos con nuestros oídos.

---

heart

The **heart** moves blood through my body and keeps me healthy.
Mary lives in the **heart** of the city.
Mary lives in the **center** of the city.

corazón

El **corazón** hace que la sangre circule por el cuerpo y me mantenga sano.
María vive en el **corazón** de la ciudad.
María vive en el **centro** de la ciudad.

---

heat

Mother will **heat** the soup by putting it over the fire.
Mother will **make the soup hot** by putting it over the fire.

calentar

Mi madre **calentará** la sopa poniéndola al fuego.
Mi madre **hará que la sopa se caliente** poniéndola al fuego.

heavy
heavier
heaviest

The basket of apples is **heavy.**
The basket of
apples is **hard to lift.**

pesado (a)

La cesta de manzanas es **pesada.**
Es **difícil levantar** la cesta de manzanas.

---

heel(1)

Your **heel** is the back part
of your foot.

talón

El **talón** es la parte
posterior de tu pie.

---

heel(2)

The **heel** of your shoe is the raised part of the shoe.

tacón

El **tacón** es la parte
elevada del zapato.

help
ayudar

I will help my mother clean the house.

Ayudaré a mi madre a limpiar la casa.

---

hemisphere

Half of our earth is a **hemisphere**.
We divide the earth into four **hemispheres**.
Northern, Southern, Eastern, and Western
are the four **hemispheres**.

hemisferio

La mitad de nuestra tierra es un
hemisferio.
Dividimos la Tierra en cuatro **hemisferios**.
Los cuatro **hemisferios** son: Austral,
Boreal, Oriental y Occidental.

---

hen

The **hen** is a mother chicken.
The **hen** will lay eggs.

gallina

La **gallina** es la madre
del pollo.
La **gallina** pondrá
huevos.

her
su

Her dress is pretty.

Su vestido
es bonito.

here
aquí

Please meet me **here** tomorrow.
Please meet me **at this place** tomorrow.

Por favor, encuéntrame **aquí** mañana.
Por favor, encuéntrame **en este lugar** mañana.

hide
hides
hiding
hid
hidden
esconder

The dog is digging a hole to **hide** his bone in.
The dog is digging a hole to **put** his bone **out of sight.**

El perro hace un pozo para **esconder** su hueso.
El perro hace un pozo para **poner** su hueso **fuera de la vista.**

high
**high
higher
highest**

The building is very **high**.

alto (a)

El edificio es muy **alto**.

---

hill

Jack and Jill went up the **hill**.
The **hill** is a piece of land that is higher than the land around it.

loma

Juan y Juanita subieron la **loma**.
Una **loma** es un pedazo de tierra más elevada que la que la rodea.

---

his

Bill is riding **his** pony.
Bill **owns** the pony.

su

Guillermo está montando **su** caballito.
Guillermo **es dueño** del caballito.

hit
hits
hitting
hit

Did the red car **hit** the blue car?
Did the red car **bump** the blue car?

golpear

¿El automóvil rojo **golpeó** al azul?
¿El automóvil rojo **chocó** con el azul?

---

hive

The bees live in a **hive.**
The bees live in a small house which is called a
bee**hive.**

colmena

Las abejas viven en una **colmena.**
Las abejas viven en unas casitas llamadas **colmenas.**

---

hold
holds
holding
held

Would you **hold** the baby?
Would you keep the baby
in your hands and arms?

sostener

¿**Sostendrías** al bebé?
¿**Tendrías** al bebé
en tus brazos?

hole

Bill has a **hole** in his shoe.
Bill has an **opening** in his shoe and he can see through it.

agujero

Guillermo tiene un **agujero** en el zapato.
Guillermo tiene una **rotura** en el zapato y puede ver a través de ella.

---

home

I must go **home** after school.
I must go to the **place where I live** after school.
The rabbit lives in a **den**.
The **den** is the rabbit's **home**.

casa

Debo ir a mi **casa** después de la escuela.
Debo ir **adonde vivo** cuando salga de la escuela.
Los conejos viven en una **madriguera**.
La madriguera es la **casa** del conejo.

---

honest

Mary is **honest**.
Mary **will not lie or steal**.
You can trust Mary.

honrado (a)

María es **honrada**.
María **no mentirá ni robará**.
Puedes confiar en María.

hoop

Jim likes to roll the **hoop**.
The hoop is a **metal ring**.

aro

A Jaime le gusta hacer girar el **aro**.
El aro es un **círculo de metal**.

---

hop

The frog can **hop** very far.

saltar

La rana puede **saltar** muy lejos.

---

horn(1)

We make noises with a **horn**.
We blow into one end of the **horn** and
the sound comes out the other end.

corneta

Hacemos ruido con la **corneta**.
Soplamos por un lado de la
corneta y el sonido sale por el otro.

horn(2)

cuerno

The cow has **horns** on her head.

La vaca tiene **cuernos** en su cabeza.

---

horse

A **horse** is an animal.
The **horse** is strong and can pull a wagon.
The **horse** can run very fast.
A cowboy rides on the back of a **horse**.
The children are riding a **horse**.

caballo

El **caballo** es un animal.
El **caballo** es fuerte y puede tirar de un carro.
El **caballo** puede correr muy rápidamente.
El vaquero monta a **caballo**.
Los niños montan a **caballo**.

---

hose

manguera

Father uses a **hose** to water the lawn.
The **hose** is a long rubber tube and water passes through it.

Mi padre usa una **manguera** para regar el césped.
La **manguera** es un tubo largo de goma por donde pasa el agua.

hospital

We go to the **hospital** when we are sick.
The **hospital** is a building where doctors and nurses work.

hospital

Vamos al **hospital** cuando nos enfermamos.
El **hospital** es un edificio donde trabajan médicos y enfermeras.

---

hot
hotter
hottest

Don't touch the **hot** stove. It will burn you.

caliente

No toques la estufa **caliente.** Te quemará.

---

hour

One **hour** is sixty minutes.
One **hour** is when the big hand goes around the clock one time.
There are twenty-four **hours** in a day.

hora

Una **hora** tiene sesenta minutos.
Cuando el minutero ha dado la vuelta al reloj, ha pasado una **hora.**
Un día tiene veinticuatro **horas.**

H

how

Please tell me **how** to get to your house.
The doctor said, **"How** do you feel?"

cómo

Por favor, dime **cómo** llegar a tu casa.
El doctor dijo: **"¿Cómo** te sientes?".

hug

Caroline gave her father a **hug.**
Caroline put her **arms around** her father
and **held him tight.**

abrazo

Carolina le dio un **abrazo** a su padre.
Carolina le **echó los brazos** al cuello a su
padre y **lo apretó contra ella.**

huge

The elephant is **huge.**
The elephant is **very large.**

gigantesco (a)

El elefante es **gigantesco.**
El elefante es **muy grande.**

hump

The camel has a **hump** on his back.

joroba

El camello tiene una **joroba** en el lomo.

---

hungry
hungrier
hungriest

The baby is **hungry**.
The baby **wants
to eat something.**
When the baby's stomach
feels empty
she becomes **hungry**.

hambriento

El bebé está **hambriento**.
El bebé **quiere comer** algo.
La bebita siente **hambre** cuando
tiene el estómago vacío.

---

hurry

Mother said, "Please **hurry** home."
Mother said, "Please come home as **fast as you can**."

apresurarse

Mi madre me dijo: "Por favor,
apresúrate a llegar a casa".
Mi madre me dijo: "Por favor, ven a
casa **tan rápidamente como puedas**".

hurt
hurts
hurting
hurt

Did you **hurt** your leg?
Do you **feel pain** in your leg?
You must not **hurt** the dog.
You must not **harm** the dog.

lastimar

¿Te **lastimaste** la pierna?
¿**Sientes dolor**
en la pierna?
No debes **lastimar** al perro.
No debes **hacerle daño** al perro.

hush

The teacher told the class to **hush**.
The teacher told the class to **keep quiet**.

callar

La maestra le pidió a la clase que **callara**.
La maestra le pidió a la clase que **guardara** silencio.

hydrant

When there is a fire the fireman connects the hose to the fire **hydrant**.
Water comes out of the **hydrant**.

boca de riego

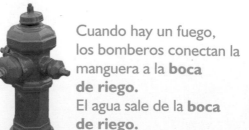

Cuando hay un fuego,
los bomberos conectan la
manguera a la **boca
de riego**.
El agua sale de la **boca
de riego**.

ice

When water becomes very cold, it turns to **ice**.
We skate on the pond when the water freezes and turns to **ice**.

hielo

Cuando el agua se enfría mucho, se convierte en **hielo**.
Patinamos en el estanque cuando el agua se congela y se convierte en **hielo**.

---

idea

I have the **idea** the kitten is lost.
I **think** the kitten is lost.

idea

Tengo la **idea** de que el gatito se perdió.
Creo que el gatito se perdió.

---

identical

The two dolls are **identical**.
The two dolls are **the same**.
They are **exactly alike**.

idéntico (a)

Las dos muñecas son **idénticas**.
Las dos muñecas son **iguales**.
Son **exactamente iguales**.

igloo

The Eskimos live in an **igloo**.
The Eskimos live in **houses made of snow blocks.**
This is an **igloo**.

iglú

Los esquimales
viven en un **iglú**.
Los esquimales
viven en **casas**
hechas de
bloques
de hielo.
Éste es un **iglú**.

---

ill

Tom is **ill** today.

enfermo (a) Hoy Tomás está **enfermo**.

---

impolite

Jane was **impolite** to her brother.
Jane was **not polite** to her brother.
Jane was **rude** to her brother.

descortés

Juana fue **descortés** con su hermano.
Juana **no fue educada** con su hermano.
Juana fue **ruda** con su hermano.

increase

When it rains the pond will **increase** in size. When it rains the pond will **become larger.** Please **increase** the sound on the radio.

aumentar

Cuando llueva, el estanque **aumentará** de tamaño.
Cuando llueva, el estanque **se agrandará.**
Por favor, **auméntale** el volumen al radio.

---

indeed

Bill is happy **indeed** with his new bike.
Bill is **really** happy with his new bike.

verdaderamente

Guillermo se siente **verdaderamente** feliz con su bicicleta nueva.
Guillermo está **realmente** feliz con su nueva bicicleta.

---

inflammable

When something is **inflammable** it is **easy to set on fire.**
Gasoline is **inflammable.**
Matches are **inflammable.**

inflamable

Cuando algo es **inflamable,** es **fácil que arda.**
La gasolina es **inflamable.** Los fósforos son **inflamables.**

ink

Ink is a **colored** liquid.
When we write with a pen we use **ink**.
All of the pictures in this book are
made from different-colored **inks**.

tinta

La **tinta** es un líquido de **color**.
Usamos **tinta** cuando escribimos con una pluma.
Todas las ilustraciones de este libro están hechas
con **tintas** de diferentes colores.

insect

An **insect** is a small **bug**.
A **bee** is an **insect**.
A **fly** is an **insect**.

insecto

Un **insecto** es un
animalito pequeño.
Una **abeja**
es un **insecto**.
Una **mosca** es un **insecto**.

inside

The horse is **inside** the stable.
The horse is **not outside** the stable.

dentro

El caballo está **dentro** del establo.
El caballo **no está fuera** del establo.

instead

Mary ate cookies **instead** of the candy.
Mary ate cookies **in place** of the candy.

en lugar de

María comió galletas **en lugar de** bombones.
María comió galletas **en vez de** bombones.

---

into

Please don't go **into** the cave alone.

dentro

Por favor, no vayas solo **dentro** de la cueva.

---

invite

Did you **invite** Ann to your party?
Did you **ask Ann to come** to your party?

invitar

¿**Invitaste** a Ana a tu fiesta?
¿Le **pediste a Ana que viniera** a tu fiesta?

iron(1)

Iron is a hard, strong metal.
The lion's cage is made of **iron** bars.

hierro

El **hierro** es un metal duro y fuerte.
La jaula de los leones está hecha de barras de
hierro.

---

iron(2)

My mother uses an **iron**
to press my clothes.

plancha

Mi madre usa una **plancha**
para alisar mi ropa.

---

island

We had to go in a boat to reach the **island.**
The **island** is a piece of land
with water all around it.

isla

Tuvimos que ir en un
bote para
llegar a la **isla.**
Una **isla** es un pedazo
de tierra
rodeado de agua.

jacket

Tom wore his **jacket** to school.
Tom wore his **short coat** to school.

chaqueta

Tomás usó su **chaqueta**
para ir a la escuela.
Tomás usó su **abrigo corto**
para ir a la escuela.

jail

When people do bad
things they are put in **jail.**
The **jail** is a building with
bars on the windows
and doors.

cárcel

Cuando las personas
hacen cosas malas, van
a la **cárcel.**
La **cárcel** es un edificio con rejas
en las ventanas y en las puertas.

jam

Jam is good on bread.
Mother makes **jam** from different kinds of fruit.

mermelada

La **mermelada**
es buena con pan.
Mi madre hace
mermelada
de distintos
tipos de frutas.

joke

The teacher told the children a joke.
The teacher told the children a funny story.

chiste

El maestro les contó un **chiste** a los niños.
El maestro les contó a los niños un **cuento
gracioso.**

---

jolly
jollier
jolliest

The man is very jolly.

alegre

El hombre está muy **alegre.**

---

journey

Father is going on a journey.

viaje

Mi padre se va de **viaje.**

joy

Our visit brought **joy** to Grandmother.
Our visit made Grandmother **very happy.**

alegría

Nuestra visita le dio **alegría** a la abuela.
Nuestra visita hizo a la abuela **muy feliz.**

---

judge

Ann knows how to **judge** art.
Ann knows if the art is **good or bad.**

juzgar

Ana sabe **juzgar** obras de arte.
Ana sabe si un trabajo artístico es **bueno o malo.**

---

juice

Juice is the liquid part of a plant, fruit or vegetable.
I like orange **juice.** I also like tomato **juice.**

jugo

El **jugo** es la parte líquida de una planta, de una fruta o de un vegetal.
Me gusta el **jugo** de naranja y también el **jugo** de tomate.

J

jump

The horse can **jump** over the fence.
The horse can **leap** over the fence.

saltar

El caballo puede **saltar** sobre la cerca.
El caballo puede **pasar por encima** de la cerca.

---

just(1)

It is **just** one o'clock.
It is **exactly** one o'clock.

justamente

Es **justamente**
la una en punto.
Es **exactamente**
la una en punto.

---

just(2)

Did you think the teacher's decision was **just?**
Did you think the teacher's decision was **fair and correct?**

justo (a)

¿Crees que la decisión del maestro fue **justa?**
¿Crees que la decisión del maestro fue **correcta y apropiada?**

kayak

A **kayak** is an Eskimo **canoe.**
This is a **kayak.**

kayac

El **kayac** es la **canoa** de los esquimales.
Éste es un **kayac.**

---

keep
keeps
keeping
kept

I will **keep** Tom's dog for this week.
I will **take care of** Tom's dog this week.

cuidar

Yo **cuidaré** el perro de Tomás esta semana.
Yo **velaré** por el perro de Tomás esta semana.

---

kettle

Mother boils water
in a tea **kettle.**

tetera

Mi madre hierve agua
en la **tetera.**

key

We turn the **key** to lock our door.
We turn the **key** to unlock our door.

llave

Hacemos girar la **llave** para cerrar la puerta.
Hacemos girar la **llave** para abrir la puerta.

---

kick

Bill likes to **kick** the football.
Bill likes to **hit** the football **with his foot.**

patear

A Guillermo le gusta **patear** la pelota.
A Guillermo le gusta **golpear** la pelota **con el pie.**

---

kill

Jane saw the cat **kill** a bird.

matar

Juana vio cómo el gato **mataba** a un pájaro.

kind(1)

Mother is **kind** to the baby.
Mother is **gentle and nice** to the baby.

cariñoso (a)

La madre es **cariñosa** con el bebé.
La madre es **suave y delicada** con el bebé.

---

kind(2)

What **kind** of ice cream do you want?
What **sort** of ice cream do you want?

clase

¿Qué **clase** de helado quieres?
¿Qué **tipo** de helado quieres?

---

king

Some countries have a **king** to lead the people.
Some countries have a **president** to lead the people.

rey

Algunos países tienen un **rey** para guiar al pueblo.
Algunos países tienen un **presidente** para gobernar al pueblo.

K

kiss

Mary gave the baby a **kiss** on the cheek.
Mary touched her lips to the baby's cheek.

beso

María le dio un **beso** en la mejilla al bebé.
María tocó la mejilla del bebé con sus labios.

---

kitchen

I help my mother in the **kitchen.**
I help my mother in the **room where we cook food.**

cocina

Yo ayudo a mi madre en la **cocina.**
Yo ayudo a mi madre en el **lugar donde cocinamos.**

---

kite

Bob likes to fly a **kite.**
The wind keeps the **kite** in the air.

cometa

A Roberto le gusta remontar la **cometa.**
El viento mantiene la **cometa** en el aire.

kitten

Jane let me hold the **kitten**.
Jane let me hold the **baby cat**.

gatito

Juana me dejó cargar el **gatito**.
Juana me dejó cargar el **gato pequeño**.

---

knee

Your **knee** is the joint in the middle of your leg.
Your leg bends at the **knee**.

rodilla

La **rodilla** es la articulación que está en la mitad de la pierna.
La pierna se dobla en la **rodilla**.

---

knife
knives

We cut our food with a **knife**.
The **knife** has a handle and a sharp blade.
There are many different kinds of **knives**.

cuchillo

Cortamos nuestros alimentos con un **cuchillo**.
El **cuchillo** tiene un cabo y una hoja afilada.
Hay muchas clases de **cuchillos**.

knock

John **knocked** at the door.

golpear

Juan **golpeó** a la puerta.

---

know(1)
knows
knowing
knew
known

I **know** that Ann is at the door.
I **am sure** that Ann is at the door.

saber

Yo **sé** que Ana está en la puerta.
Yo **estoy seguro** de que Ana está en la puerta.

---

know(2)
knows
knowing
knew
known

Do you **know** Ann?
Have you met Ann?

conocer

¿Conoces a Ana? **¿Conociste** a Ana?

laboratory
laboratories

A **laboratory** is a room or building where people work and discover new things.

laboratorio

Un **laboratorio** es un local o edificio donde las personas trabajan para descubrir cosas nuevas.

---

lace(1)
atar

Can you **lace** your shoe?

¿Te puedes **atar** los zapatos?

---

lace(2)

lazo

The **lace** is a **string** that ties your shoe.

El **lazo** es el **cordón** que ata tu zapato.

ladder

My father uses a **ladder** when he paints the house. The **ladder** is a set of steps that my father walks up to reach high places.

escalera

Mi padre usa una **escalera** cuando pinta la casa. La **escalera** es un conjunto de escalones que mi padre sube para alcanzar lugares altos.

---

lady
ladies
dama

The **lady** is a kind and polite **woman.** My mother is a **lady.**

La **dama** es una **mujer** bondadosa y cortés. Mi madre es una **dama.**

---

lake
lago

We ride a boat on the **lake.**

Andamos en bote en el **lago.**

lamb
A baby sheep is a **lamb.**

cordero
Una ovejita es un **cordero.**

lamp

lámpara

I have a **lamp** near my bed.
I turn the **lamp** on when
I read.
The **lamp** gives light.

Tengo una **lámpara**
cerca de la cama.
Enciendo la lámpara
cuando leo.
La **lámpara** alumbra.

land(1)
The turtle can live on **land** but he likes the water.

tierra
La tortuga puede vivir en la **tierra,** pero le gusta el
agua.

land(2)

I like to watch the airplane **land.**
I like to watch the airplane **come down and touch the ground.**

aterrizar

Me gusta mirar cómo **aterriza** el avión.
Me gusta mirar cómo el avión **baja y toca tierra.**

lantern

The farmer carries a **lantern** to the barn.

linterna

El campesino lleva la **linterna** al granero.

large
larger
largest

The elephant is a **large** animal.

grande

El elefante es un animal **grande.**

last

último (a)

Tom is **last** in line.
Tom is **at the end** of the line.
Jane took the **last** piece of candy.

Tomás es el **último** de la fila.
Tomás está al **final** de la fila.
Juana tomó el **último** caramelo.

late
later
latest

tarde

Bill was **late** for school.
Bill came **after the time** he should have
been in school.

Guillermo llegó **tarde** a la escuela.
Guillermo llegó **después de la hora de entrada.**

laugh

reír

When we hear a funny story we **laugh.**
The children are
watching the
clown and they
are **laughing.**

Cuando oímos
un cuento
cómico nos
reímos. Los niños
están mirando
al payaso y se están
riendo.

law

A **law** tells us what to do. We have **laws** in our country. We have **rules** in our country. We should obey the **law.**

ley

La **ley** nos dice qué hacer. Existen **leyes** en nuestro país. Existen **reglas** en nuestro país. Debemos obedecer la **ley.**

---

lawn

The **lawn** is the ground around our house which is **covered with grass.** Father mows the **lawn.**

césped

El **césped** es la **tierra cubierta de hierba** que rodea nuestra casa. Mi padre corta el **césped.**

---

lay
lays
laying
laid

Did you **lay** your coat on the table?
Did you **put** your coat on the table?
Birds **lay** eggs.
Tom **laid** his coat on the table.
Tom **placed** his coat on the table.

poner

¿**Pusiste** tu abrigo sobre la mesa?
¿**Colocaste** tu chaqueta sobre la mesa?
Las aves **ponen** huevos. Tomás **puso** su abrigo sobre la mesa.
Tomás **colocó** su chaqueta sobre la mesa.

lazy
lazier
laziest

A **lazy** person is a person that does not want to work.

perezoso (a)

A la persona **perezosa** no le gusta trabajar.

---

lead(1)

Would you **lead** me to the lunchroom?
Would you **guide** me to the lunchroom?
I would like to **lead** the band.
I would like to **conduct** the band.

dirigir

¿Podrías **dirigirme** al comedor?
¿Me **guiarías** hasta el comedor?
Me gustaría **dirigir** la banda.
Me gustaría **conducir** la banda.

---

lead(2)

Lead is a heavy metal.

plomo

El **plomo** es un metal pesado.

leaf
leaves

hoja

The wind blew a **leaf** from the tree.
There are many **leaves** on the tree.
Most plants have **leaves**. A page of this
book is called a **leaf.**

El viento desprendió una **hoja** del árbol.
Hay muchas **hojas** en el árbol.
La mayoría de las plantas tienen **hojas.**
Una página de este libro es una **hoja.**

---

lean(1)

The teacher said, "Please don't **lean** on the desk."
The teacher said, "Please don't **bend**
over and **rest your elbows on the desk.**"

apoyarse

El maestro dijo:
"Por favor,
no **se apoyen**
en el pupitre".
El maestro dijo:
"Por favor, no se
inclinen y no **pongan
los codos
sobre el pupitre".**

---

lean(2)

This meat is very **lean.**
This meat **has no fat.**

magro (a)

Esta carne es muy **magra.**
Esta carne **no tiene grasa.**

leap
leaps
leaping
leapt

Bill can **leap** over the fence.
Bill can **jump** over the fence.

saltar

Guillermo puede **saltar** la cerca.
Guillermo puede **pasar por encima** de la cerca.

---

learn

I must **learn** to read well.
I must **find out how** to read well.

aprender

Debo **aprender** a leer bien.
Debo **encontrar la manera** de leer bien.

---

leave
leaves
leaving
left

What time will the train **leave** the station?

partir

¿A qué hora **partirá** el tren de la estación?

lecture

The teacher gave a **lecture** to the class about health.

conferencia

La maestra le dio a la clase una **conferencia** sobre la salud.

---

left

Most people write with the right hand but some people write with their **left** hand.
Our **left** hand is on the **left** side of our body.

izquierdo (a)

La mayoría de las personas escribe con la mano derecha mientras otros escriben con la mano **izquierda.**
Tenemos la mano **izquierda** en el lado **izquierdo** del cuerpo.

---

lemon

A **lemon** is a fruit.
The **lemon** is yellow and tastes sour.
We make **lemon**ade from **lemon** juice, water and sugar.

limón

El **limón** es una fruta.
El **limón** es amarillo y tiene sabor ácido.
Hacemos la **limonada** con jugo de **limón,** agua y azúcar.

less
little
less
least

Jane has **less** money than Betty.
Jane **does not have as much** money as Betty.

menos

Juana tiene **menos** dinero que Isabel.
Juana **no tiene tanto** dinero como Isabel.

---

letter(1)

I wrote a **letter** to my grandmother.
I put the **letter** in an envelope and mailed it to my grandmother.

carta

Le escribí una **carta** a mi abuela.
Puse la **carta** en un sobre y la envié a mi abuela por correo.

---

letter(2)

A is a **letter** of the alphabet.
B is a **letter** of the alphabet.

letra

La "A" es una **letra** del alfabeto.
La "B" es una **letra** del alfabeto.

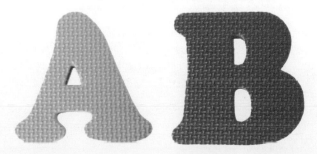

library
libraries

The **library** is a place where books are kept.
We go to the **library** to get books.
After we read the books we
return them to the **library.**

biblioteca

La **biblioteca** es un
lugar donde se guardan muchos libros.
Vamos a la **biblioteca** para conseguir
libros.
Devolvemos los libros a la **biblioteca**
después que los hemos leído.

---

lick

When the dog eats his food he will **lick** the dish.
The dog uses his tongue to get all of the food out of
the dish.

lamer

El perro **lame** el plato cuando se le termina la
comida.
El perro usa la lengua para sacar toda la comida del
plato.

---

lid

The box has a **lid** on it.
The box has a **cover** on it.

tapa

La caja tiene una **tapa.**
La caja tiene una **cubierta.**

lie(1)
lies
lying
lied
mentir

Please don't **lie.**
Please don't tell **something that is not true.**

Por favor, no **mientas.**
Por favor, no **digas lo que no es cierto.**

---

lie(2)
lay
lain
echarse

Francis likes to **lie** on the grass.

A Francisco le gusta **echarse** sobre el césped.

---

life
lives
vida

Anything that lives has **life.**
A plant has **life.**

Todo lo que vive tiene **vida.**
Una planta tiene **vida.**

lift

Can you **lift** the box?
Can you **pick up** the box?

levantar

¿Puedes **levantar**
la caja?
¿Puedes **alzar**
la caja?

light(1)

At night we turn on the lamp.
The lamp makes **light** so that we can see.

luz

Por la noche encendemos la lámpara.
La lámpara echa **luz** para que veamos.

light(2)

This box is **light.**
This box is **not heavy.**

liviano (a)

Esta caja es **liviana.**
Esta caja **no es pesada.**

light(3)

claro (a)

Jane's hair is a **light** color.
Jane's hair is **not** a **dark** color.

El pelo de Juana es **claro.**
El pelo de Juana **no es oscuro.**

---

lightning

Sometimes when there is a storm we see **lightning** in the sky. The **lightning** Is caused by **electricity** in the sky.

relámpago

Algunas veces, cuando hay una tormenta,. vemos **relámpagos** en el cielo. El **relámpago** es causado por **electricidad** en el cielo.

---

like

Did you **like** the movie?
Did you **enjoy** the movie?
I **like** my new dress.
I **am happy with** my new dress.

gustar

¿Te **gustó** la película?
¿**Disfrutaste** la película?
Me **gusta** el vestido nuevo.
Me **siento feliz con** mi vestido nuevo.

limb

The bird built a nest on the **limb** of the tree.

rama

El pájaro construyó su nido en la **rama** del árbol.

line

The teacher said, "Please get in **line**."
The teacher said, "Please get in a **row**."
A telephone **line** is connected to the telephone.
A telephone **wire** is connected to the telephone.
Do you see the red **lines** on this page?

línea

La maestra dijo: "Por favor, pónganse en **línea**".
La maestra dijo: "Por favor, pónganse en **fila**".
La línea telefónica está conectada al teléfono.
El **cable** está conectado al teléfono.
¿Ves las **líneas** rojas en esta página?

lion

The **lion** is a wild animal.
The **lion** eats meat.
I saw a **lion** at the zoo.

león

El **león** es un animal salvaje.
El **león** come carne.
Vi un **león** en el zoológico.

lip(1)

We have an upper **lip**
and a lower **lip.**
The **lips** are part of our mouth.

labio

Tenemos un **labio** superior
y un **labio** inferior.
Los **labios** son parte de nuestra boca.

lip(2)

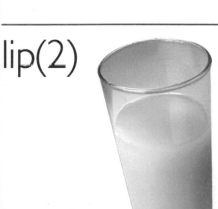

A glass has a **lip.**

borde

El vaso tiene un **borde.**

list

I wrote a **list** of names on the paper.

lista

Escribí una **lista** de nombres en el papel.

listen

You should **listen** to what the teacher is saying.
You should **pay attention** to what the teacher is saying.
Mary likes to **listen** to good music.

escuchar

Deberías **escuchar** lo que dice la maestra.
Deberías **prestar atención** a lo que dice la maestra.
A María le gusta **escuchar** buena música.

---

little
littler
littlest

Tom has a **little** brother.

pequeño (a)

Tomás tiene un hermano **pequeño.**

---

live

I feed the kitten so that it will **live.**
Where do you **live?**
I **live** in a house.
When we go camping we **live** in a tent.

vivir

Alimento al gatito para que **viva.**
¿Dónde **vives?**
Vivo en una casa.
Cuando acampamos en el bosque, **vivimos** en una tienda.

load(1)

The truck brought a **load** of sand.
The truck brought a **pile** of sand.

carga

El camión trajo una **carga** de arena.
El camión trajo un **montón** de arena.

---

load(2)

I watched the men **load** the truck.
I watched the men **fill** the truck.

cargar

Observé cómo los hombres **cargaban** el camión.
Observé cómo los hombres **llenaban** el camión.

---

location

My school is in this **location**.
My school is in this **place**.
My house is in another **location**.
My house is in another **place**.

sitio

Mi escuela está en este **sitio**.
Mi escuela está en este **lugar**.
Mi casa está en otro **sitio**.
Mi casa está en otro **lugar**.

lock
echar llave

We **lock** the door at night.

Echamos llave a la puerta por la noche.

---

log

Bill put a **log** on the fire.
The **log** will burn
and make
the room warm.
The **log** is a piece
of a tree.
A **log** cabin is
a small house
made with **logs.**

tronco

Guillermo puso un **tronco** a arder.
El **tronco** arderá y calentará la habitación.
El **tronco** es parte de un árbol.
Una cabaña de **troncos** es una casita hecha de
troncos de árboles.

---

look(1)
buscar

Caroline will **look** for the book.

Carolina **buscará** el libro.

look(2)
verse

The flowers **look** beautiful.

Las flores **se ven** hermosas.

---

look(3)
mirar

The dogs **look** at each other.

Los perros se **miran** uno al otro.

---

loose
looser
loosest

suelto (a)

The chain on Bill's bike is **loose.**
The chain on Bill's bike is **not tight.**
The dog is **loose.**
The dog is **free** and **not tied up.**

La cadena de la bicicleta de
Guillermo está **suelta.**
La cadena de la bicicleta de Guillermo
no está ajustada. El perro está **suelto.**
El perro está **libre y sin amarras.**

---

lose
loses
losing
lost

perder

Jane does not want to **lose** her cat.
John **lost** the race.
John **did not win** the race.

Juana no quiere **perder** a su gato.
Juan **perdió** la carrera. Juan **no ganó** la carrera.

loud
alto (a)

The bell makes a **loud** sound.

La campana suena **alto.**

---

low
bajo (a)

The bird is flying **low.** The bird is flying **near the ground.**
Father has a **low** voice. Mother has a high voice.

El pájaro vuela **bajo.** El pájaro vuela **cerca de la tierra.**
Mi padre tiene la voz **baja.** Mi madre tiene la voz alta.

---

lullaby
lullabies

A **lullaby** is a **soft and tender song.**
Mother sings a **lullaby** to make the baby sleep.
The **lullaby** will lull the baby to sleep.

canción de cuna

Una **canción de cuna** es una **canción suave y tierna.** Mi madre le cantó una **canción de cuna** al bebé para que se durmiera. La **canción de cuna** hará que el bebé se duerma.

---

lunch
lunches

In the middle of the day we have **lunch.**
Lunch is the **meal** that we have at noontime.

almuerzo

Almorzamos al mediodía.
El **almuerzo** es **la comida que** hacemos al mediodía.

mad
madder
maddest
loco (a)

The man in the movie was **mad.**
The man in the movie was **crazy.**

El hombre de la película estaba **loco.**
El hombre de la película era **demente.**

---

magic

The man on TV pulled rabbits out of his hat.
That was **magic.** It was a **trick** that
I did not understand.

magia

Un hombre en la televisión
sacó conejos de su sombrero.
Eso es **magia.**
Eso fue un **truco** que no entendí.

---

magnify

To **magnify** something is to make it appear larger.
My father's glasses will **magnify** the letters in the book.
My father's glasses will make the letters **look larger**
and easier to read.
People use a telescope to **magnify** the stars.

aumentar

Aumentar algo es hacer que eso parezca
más grande. Los lentes de mi padre
aumentarán las letras del libro.
Los lentes de mi padre harán que las letras
parezcan más grandes y que sean más
fáciles de leer.
Algunas personas usan un telescopio para
aumentar la visión de las estrellas.

mail

The postman brings us **mail.**
The postman brings us **letters.**

correo

El cartero nos trae el **correo.**
El cartero nos trae las **cartas.**

---

main

The **main** thing is to stay healthy.
The **most important** thing is to stay healthy.
When does the **main** show start?
When does the **most important** show start?

principal

Lo **principal** es que nos mantengamos sanos.
Lo **más importante** es que estemos sanos.
¿Cuándo comienza el espectáculo **principal?**
¿Cuándo comienza el espectáculo **más importante?**

---

make
makes
making
made

Tom can **make** a birdhouse.
Tom can **build** a birdhouse.
The children sell lemonade to **make** money.
The children sell lemonade to **earn** money.

hacer

Tomás puede **hacer** una pajarera.
Tomás puede **construir** una pajarera.
Los niños venden limonada para **hacer** dinero.
Los niños venden limonada para **ganar** dinero.

man
men
hombre

When a boy grows up, he becomes a **man.**
My brother is a boy. My father is a **man.**

Cuando un niño crece, se convierte en un **hombre.**
Mi hermano es un niño. Mi padre es un **hombre.**

---

manners
modales

Jane has nice **manners.**
Jane has a nice **way of saying and doing things.**

Juana tiene buenos **modales.**
Juana tiene una **manera agradable de decir y hacer las cosas.**

---

many
muchos (as)

There are **many** fish in the pond.
There is a **large number** of fish in the pond.

Hay **muchos** peces en el estanque.
Hay **gran número** de peces en el estanque.

---

map
mapa

My father uses a **map** when we take a trip.
The **map** shows where the roads are.
The **map** shows which city and state we are in.

Mi padre usa un **mapa** cuando vamos de viaje.
El **mapa** nos enseña dónde están los caminos.
El **mapa** nos enseña la ciudad y el estado en que estamos.

March

March is the third month of the year.

marzo

Marzo es el tercer mes del año.

---

march

The children **march** in the parade.
The children **walk in step** with each other.

marchar

Los niños **marchan** en el desfile.
Los niños **llevan el mismo paso.**

---

mark(1)

Mary got a good **mark** on her test.
Mary got a good **grade** on her test.

nota

María sacó una buena **nota** en el examen.
María sacó una buena **calificación** en el examen.

---

mark(2)

Please don't **mark** the wall.
Please don't **write** on the wall.

desfigurar

Por favor, no **desfigures** la pared.
Por favor, no **escribas** en la pared.

market
mercado

We go to the **market** to buy things.

Vamos al **mercado**
a comprar cosas.

---

marry

When a man and a woman **marry,** they become
husband and wife.
When I grow up,
I will **marry** someone.

casarse

Cuando un hombre
y una mujer **se casan,**
se convierten en
marido y mujer.
Cuando yo crezca,
me casaré
con alguien.

match (1)

Helen jumped five feet.
Can you **match** that?
Helen jumped five feet.
Can you **do the same?**

igualar

Elena brincó cinco pies.
¿Puedes **igualar** esto?
Elena brincó cinco pies.
¿Puedes **hacer lo mismo?**

match(2)
matches
fósforo

If you strike a **match** it will make a flame.
You should not play with **matches.**

Si frotas un **fósforo,** saldrá una llama.
No debes jugar con **fósforos.**

master

Jim is the dog's **master**.
Jim is the dog's **owner**.

dueño

Jaime es el **dueño** del perro.
Jaime es el **propietario**
del perro.

meal

Breakfast is a **meal**. Lunch is a **meal**.

comida

El desayuno es una **comida**.
El almuerzo es una **comida**.

mean (1) What does this word **mean**?
means
meaning
meant

significar ¿Qué **significa** esta palabra?

mean (2)
means
meaning
meant

What do you **mean?**

pretender

¿Qué **pretendes?**

---

mean (3)
The boy is **mean.**
The boy is **not kind and pleasant.**

malhumorado (a)

El muchacho está
malhumorado.
El muchacho **no es amable
ni agradable.**

measure

We **measure** things to find out their size or weight or amount.

medir

Medimos las cosas para saber su tamaño, peso o cantidad.

---

meat

Meat is food that we get from animals. A **steak** is **meat.** A **pork chop** is **meat.**

carne

La **carne** es un alimento que viene de los animales. Un **bistec** es **carne.** Una **chuleta de cerdo** es **carne.**

---

meet
meets
meeting
met

Ann and Mary will **meet** after school. Ann and Mary will **get together.**

encontrarse

Ana y María **se encontrarán** después de la escuela. Ana y María **se reunirán.**

melon
melón

A **melon** is good to eat.

El **melón** es bueno para comer.

---

melt

When the sun shines, the ice will **melt.**
When the sun shines, the ice will **turn back to water.**

derretir

Cuando el sol brille, la nieve se **derretirá.**
Cuando el sol brille, la nieve **se volverá agua.**

memorize

Did you **memorize** the song?
Did you **learn** the song **by heart?**
Can you sing the song without looking at
the song book?

memorizar

¿**Memorizaste** la canción?
¿**Aprendiste** la canción **de memoria?**
¿Puedes cantar la canción sin mirar el
cancionero?

---

merry

The boys and girls are **merry.**
The boys and girls are **joyful and happy.**

alegre

Los niños y las niñas están **alegres.**
Los niños y las niñas están **contentos y felices.**

---

middle

There are two holes in the **middle** of the button.
There are two holes in the **center** of the button.

medio

Hay dos agujeros en el **medio** de
un botón.
Hay dos agujeros en el **centro** de
un botón.

milk

We drink **milk** to stay healthy.
Milk comes from cows.
I watched the farmer **milk** the cow.
The baby is drinking **milk.**

leche

Tomamos **leche** para estar saludables.
La **leche** viene de las vacas.
Yo observé cómo el campesino **ordeñaba** la vaca.
El bebé toma **leche.**

mind

Sue will **mind** the baby.

cuidar

Sue **cuidará** al bebé.

mine(1)

This book is **mine.**
This book **belongs to me.**

mío (a)

Este libro es **mío.**
Este libro **me pertenece.**

mine(2)

A **mine** is a large hole in the ground.
Men dig coal out of a **mine**.
Men dig gold ore out of a **mine**.

mina

Una **mina** es un gran pozo en la tierra.
Los hombres sacan carbón de la **mina**.
Los hombres sacan oro de la **mina**.

---

mistake

Jane made a **mistake** on her test.
Jane made an **error**.
Jane answered the question wrong but she did not mean to.

equivocación

Juana tuvo una **equivocación** en el examen.
Juana tuvo un **error** en el examen.
Juana contestó la pregunta equivocadamente aunque ella no tenía la intención de hacerlo así.

---

mix

I watched my Mother **mix** the cake.
Oil and water do not **mix**.
Oil and water do not **blend together**.

mezclar

Observé a mi madre **mezclar** el pastel.
El aceite y el agua no se **mezclan**.
El aceite y el agua no **se unen**.

money

We buy things with **money.**

dinero

Compramos cosas con **dinero.**

---

monkey

A **monkey** is an **animal** that lives in the jungle.
We see **monkeys** at the zoo.
This is a **monkey.**

mono

El **mono** es un **animal** que vive en la selva.
Vemos **monos** en el zoológico.
Éste es un **mono.**

---

monstrous

The giant in the story was **monstrous.**
The giant in the story was **very large and ugly.**
The giant looked like a monster.

monstruoso (a)

El gigante de la historia era **monstruoso.**
El gigante de la historia era **muy grande y feo.**
El gigante parecía un monstruo.

moon

The **moon** shines
at night.
The **moon** moves
around our
earth every 29 1/2 days

luna

La **luna** brilla de noche.
La **luna** gira alrededor de la tierra cada 29,5 días.

---

more
most

Betty drank her milk but she wanted **more.**
She wanted **another** glass of milk.
Ann has **more** pencils than Jane.
Ann has a **greater number** of pencils.

más

Isabel bebió la leche, pero quería **más.**
Ella quería **otro** vaso de leche.
Ana tiene **más** lápices que Juana.
Ana tiene una **mayor cantidad** de lápices.

---

mother

My **mother** is married to my father.
My **mother** takes care of me. I love my **mother.**

madre

Mi **madre** está casada con mi padre.
Mi **madre** me cuida. Yo amo a mi **madre.**

mountain

The **mountain** is a piece of land that is much higher than the land around it.
The **mountain** is larger than a hill.

montaña

La **montaña** es un pedazo
de tierra mucho más alto
que el terreno que la rodea.
La **montaña** es más alta que un cerro.

mouth

We eat and speak with our **mouth.**
The dog caught the ball with his **mouth.**

boca

Comemos y hablamos con la **boca.**
El perro atrapó la pelota
con la **boca.**

move

Please **move** your coat.
Please **put** your coat **in a different place.**
The truck will **move** soon.
The truck will **go to a different place** soon.

mover (se)

Por favor, **mueve** tu chaqueta.
Por favor, **pon** tu chaqueta en otro lugar.
El camión se **moverá** pronto.
El camión **irá a otro sitio** pronto.

---

music

We love to hear **music.**
The beautiful sound the band makes is **music.**
We sing in **music** class.

música

Nos gusta oír **música.**
Los agradables sonidos de la
orquesta se llaman
música.
Cantamos
en la clase
de **música.**

must

You **must** go to school today.
You **have to** go to school today.

deber

Debes ir a la escuela hoy.
Tienes que ir a la escuela hoy.

---

myself

I must take care of **myself.**
I don't go into the woods by **myself.**
I don't go into the woods **alone.**

mí mismo

Debo cuidarme a **mí mismo.**
No voy al bosque **sin compañía.**
No voy **solo** al bosque.

name

What is your **name?** What are you **called?**
The cat's **name** is **Tom.** We call the cat **Tom.**
The bird in the tree is a crow. **Crow** is the bird's **name.**

nombre

¿Cuál es tu **nombre?** ¿Cómo te **llamas?** El **nombre**
del gato es Tomás. Nosotros lo **llamamos** Tomás.
El pájaro que está en el árbol es un cuervo.
Cuervo es el **nombre** del pájaro.

nap

The dog is taking a **nap.**

siesta

El perro está durmiendo una **siesta.**

napkin

A **napkin** is a piece of cloth or paper. A **napkin**
protects our clothes when we eat. We wipe our
fingers and lips with a **napkin.**

servilleta

Una **servilleta** es un pedazo de tela o de papel. La
servilleta protege nuestra ropa cuando comemos.
Nos limpiamos los dedos y los labios con la **servilleta.**

narrate

The teacher asked Sally to **narrate** a story to the class.
The teacher asked Sally to **tell** a story to the class.

narrar

El maestro le pidió a Sara que le **narrara** un cuento
a la clase. El maestro le pidió a Sara que le **contara**
un cuento a la clase.

233

narrow

The bridge we crossed was **narrow.**
The bridge we crossed was **not wide.**

estrecho (a)

El puente que cruzamos
era **estrecho.**
El puente que cruzamos **no era ancho.**

near

The school is **near** Jane's house. The school is
close to Jane's house.
The school is **not far from** Jane's house.

cerca

La escuela está **cerca** de la casa de Juana. La
escuela está **próxima** a la casa de Juana. La escuela
no está lejos de la casa de Juana.

neat

You should keep your room **neat.**
You should keep your room **clean and in order.**

arreglado (a)

Deberías mantener tu cuarto
arreglado. Deberías mantener
tu cuarto **limpio y en orden.**

neck

Father wears a tie around his **neck.**
The dog has a collar around his **neck.**
The **neck** is between the head and shoulders.

cuello

Mi padre usa una corbata alrededor del **cuello.**
El perro tiene un collar alrededor del **cuello.**
El **cuello** está entre la cabeza y los hombros.

need

I **need** a pencil to write a letter. I **must have** a pencil to write a letter. When it rains, we **need** a raincoat. When it rains, we **should have** a raincoat.

necesitar

Necesito un lápiz para escribir una carta. **Debo tener** un lápiz para escribir una carta. Cuando llueve, **necesitamos** una capa de agua. **Debemos usar** una capa de agua cuando llueve.

---

neighbor

John is Jack's **neighbor.** John **lives next door** to Jack.

vecino

Juan es el **vecino** de Paco. Juan **vive al lado** de Paco.

---

nest

The birds built a **nest** in the tree.
The bird lays eggs in the **nest.** Soon the eggs will hatch and baby birds will live in the **nest.**

nido

Los pájaros construyeron un **nido** en el árbol.
El pájaro pone huevos en el **nido.** Los pajaritos pronto saldrán de los huevos y vivirán en el **nido.**

---

net

John caught a fish with the **net. The net** is made of string. Water runs through the **net** but the fish cannot get out.

red

Juan atrapó un pez con la **red.** La **red** está hecha de cordel. El agua pasa a través de la **red**, pero el pez no puede salir.

never
nunca

Jane can **never** run as fast as Jim.

Juana **nunca** puede correr tan rápidamente como Jaime.

---

new

Tom's coat is **new.**
Tom's coat is **not old.**
Mother has a **new** hair style.
Mother has a **different**
hair style.

nuevo (a)

La chaqueta de Tomás
es **nueva.** La chaqueta
de Tomás **no es vieja.**
Mi madre tiene un estilo
de peinado **nuevo.** Mi madre tiene
un peinado **diferente.**

---

next

The baby sleeps **next**
to the teddy bear.
The baby sleeps **beside**
the teddy bear.
The boy **next** to Tom is Sam.
The boy **nearest** Tom is Sam.

próximo

El bebé duerme **próximo** a su osito de peluche.
El bebé duerme **al lado de** su osito de peluche.
El muchacho **próximo** a Tomás es Samuel.
El muchacho **más cercano** a Tomás es Samuel.

nice
nicer
nicest

Mary is very **nice.**

agradable

María es muy **agradable.**

---

nine

We have **nine** players on our baseball team.
When we count to **nine** we say:
1, 2, 3, 4, 5, 6, 7, 8, **9.**

nueve

Nuestro equipo de béisbol tiene **nueve** jugadores.
Cuando contamos hasta **nueve,** decimos:
1, 2, 3, 4, 5, 6, 7, 8, **9.**

---

nod

When the baby is sleepy her head will **nod.**
When the baby is sleepy her head will **bow.**
Her head will move **up and down.**

cabecear

El bebé **cabecea** cuando
tiene sueño. El bebé
dejará caer la cabeza
cuando tenga sueño.
Su cabeza se moverá **hacia
abajo y hacia arriba.**

noise

A loud **noise** will wake the baby.
A loud **sound** will wake the baby.

ruido

Un **ruido** fuerte despertará al bebé.
Un **sonido** fuerte despertará al bebé.

---

none

The children looked for seashells.
There were **none.**

ninguno (a)

Los niños
buscaban
conchillas en la playa.
No había **ninguna.**

---

noon

Noon is 12 o'clock in the daytime.

mediodía

El **mediodía** son las doce en punto del día.

North

The birds are flying **North.**
The birds are flying toward the **top part of our earth.**
The top part of a map is **North.**

Norte

Las aves van volando hacia el **Norte.**
Las aves están volando hacia la **parte superior de la tierra.**
La parte superior del mapa es el **Norte.**

---

note

Jane wrote Mary a **note.** Jane wrote Mary a **short letter.**
Bill made a **note** of which books he would like.
Bill **wrote down** which books he would like.

nota

Juana le escribió una **nota** a María.
Juana le escribió una **carta corta** a María.
Guillermo hizo una **nota** de los libros que a él le gustarían.
Guillermo **anotó** los libros que a él le gustarían.

---

nothing

There is **nothing** left on my plate.
There is **not a thing left** on my plate.

nada

No ha quedado **nada** en mi plato.
No ha quedado ni un pedacito en mi plato.

notice

Did you **notice** Mary's new dress?
Did you **see** Mary's new dress?

notar

¿Has **notado** el vestido nuevo de María?
¿**Viste** el vestido nuevo de María?

---

nourish

To **nourish** is to **feed**.
We must **nourish** our body to stay healthy and grow.
We must **feed** our body to stay healthy and grow.

alimentar

Alimentar es **dar de comer**.
Debemos **alimentar** nuestro cuerpo para
mantenernos sanos y poder crecer.

---

now

The sun is shining **now**.
The sun is shining **at this
time**.

ahora

El sol está brillando **ahora**.
El sol está brillando **en este
momento**.

number

A **number** tells us **how many** there is of something. I am **six** years old. Six is the **number** of years I have lived. Each **number** has a name. When we count from I to 10 we say: one, two, three, four, five, six, seven, eight, nine, ten.

número

El **número** nos dice **cuánto** hay de algo. Tengo **seis** años. Seis es el **número** de años que tengo de vida. Cada **número** tiene un nombre. Cuando contamos del uno al diez, decimos: uno, dos, tres, cuatro, cinco, seis, siete, ocho, nueve, diez.

nurse

A **nurse** takes care of sick people. A **nurse** also takes care of children and older people.

enfermera

La **enfermera** cuida de los enfermos. La **enfermera** también cuida de niños y personas mayores.

nut

A **nut** is the seed of a tree or plant. A **nut** has a shell. Some **nuts** are good to eat. Walnuts, pecans and acorns are **nuts.**

nuez

Una **nuez** es la semilla de un árbol o de una planta. Una **nuez** tiene cáscara. Algunas **nueces** son buenas para comer. Las avellanas, las pacanas y las bellotas son **nueces.**

oak

Oak is the name of one kind of tree.
Acorns grow on **oak** trees.

roble

El **roble** es el nombre de una clase de árbol.
La bellota nace del **roble.**

---

oats

The farmer grows **oats** in a field.
The grains from **oats** are used to make different kinds of food.

avena

El campesino cultiva **avena** en el campo.
El grano de la **avena** se usa para hacer diferentes clases de alimentos.

---

obey

John taught the dog to **obey** him.
The dog **does what he is told to do.**

obedecer

Juan le enseñó a su perró a que lo **obedezca.**
El perro **hace lo que le dicen que haga.**

object (1)

Anything that you can see or touch is an **object.**
A pencil is an **object.**
A piece of paper is an **object.**

objeto

Todo lo que podemos ver o tocar es un **objeto.**
Un lápiz es un **objeto.**
Un pedazo de papel es un **objeto.**

object (2)

Would you **object** if the dog came with us?

oponerse

¿Te **opondrías** a que el perro
nos acompañara?

oblong

When something is longer than it is wide we say it is
oblong.
The shape of a loaf of bread is **oblong.**
The loaf of bread is **long and not wide.**

oblongo (a)

Cuando algo es más largo que ancho decimos
que es **oblongo.**
La forma de una hogaza de pan es **oblonga.**
La hogaza de pan es **larga y no ancha.**

ocean

The **ocean** is the large body of salty water that covers more than two-thirds of our earth.
The **ocean** is divided into five great oceans.
The names are Pacific, Atlantic, Indian, Arctic and Antarctic.

océano

El **océano** es una gran extensión de agua salada que cubre más de las dos terceras partes de nuestra tierra.
El **océano** se divide en cinco grandes océanos.
Sus nombres son: el Pacífico, el Atlántico, el Índico, el Ártico y el Antártico.

---

odd (1)

I have one **odd** sock.
I have **one** sock **left over.**

sobrante

Tengo un calcetín **sobrante.**
Tengo un calcetín **sin pareja.**

---

odd (2)

I believe the story, but it sounds **odd.**
I believe the story, but it sounds **strange.**

raro (a)

Creo el cuento, pero me parece **raro.**
Creo el cuento, pero me parece **extraño.**

off

The car is **off** the road.
The car is **not on** the road.

fuera

El automóvil está **fuera** de la carretera.
El automóvil **no está en** la carretera.

---

office

An **office** is **a room where people work.**
Dad has a desk in his **office.**

oficina

Una **oficina** es el
**lugar donde
la gente trabaja.**
Mi padre tiene
un escritorio
en su **oficina.**

---

often

Jane will play the piano **often.**
Jane will play the piano **many times.**

a menudo

Juana va a tocar el piano **a menudo.**
Juana va a tocar el piano **muchas veces.**

old

The man is **old**. The man is **not young**.
My bike is **old**. My bike is **not new**.

viejo (a)

El hombre es **viejo**. El hombre **no es joven**.
La bicicleta es **vieja**. Mi bicicleta no es **nueva**.

---

once

Mary was late for school only **once**.

una vez

María llegó tarde a la escuela solamente **una vez**.

---

one

There is **one** apple left.
There is a **single** apple left.
There were two apples but Bill ate **one**.
One should brush his teeth every day.
A person should brush his teeth every day.

uno (a)

Sobra **una** manzana.
Queda **una sola** manzana.
Había dos manzanas, pero Guillermo se comió **una**.
Uno debe lavarse los dientes todos los días.
Una persona debe lavarse los dientes todos los días.

only (1)

Mary has **only** one pencil.
Mary has **just** one pencil.

solamente

María tiene
solamente
un lápiz.
María tiene **sólo** un lápiz.

---

only(2)

This is the **only** school in town.
There is **no other** school in town.

único (a)

Ésta es la **única** escuela en la ciudad.
No hay otra escuela en la ciudad.

---

open

The window is **open.**
The window is **not closed.**
The door is **open.**

abierto (a)

La ventana está **abierta.**
La ventana **no está**
cerrada.
La puerta está **abierta.**

orangutan

The **orangutan** is a large ape.
The **orangutan** lives in the jungle.

orangután

El **orangután** es un mono grande.
El **orangután** vive en la selva.

---

order

Do you have your room in **order?**
Do you have **everything in the right place?**
The captain gave the soldiers an **order.**
The captain **told** the soldiers **what they had to do.**

orden

¿Tienes el cuarto en **orden?**
¿Tienes **todo en su lugar?**
El capitán les dio una **orden** a los soldados.
El capitán les dijo a los soldados **lo que tenían que hacer.**

---

organ

The **organ** makes beautiful music.
We have an **organ** at church.
Different parts of our body are called **organs.** Our heart is an **organ.**
Our liver is an **organ.**

órgano

El **órgano** suena bonito. Tenemos un **órgano** en la iglesia. Diferentes partes de nuestro cuerpo se llaman **órganos.** Nuestro corazón es un **órgano.**
Nuestro hígado es un **órgano.**

other

Are there any **other** children coming to your party?
Are there any **more** children coming to your party?
The **other** children will be late. **All the rest** of the children will be late.
I will ride the **other** bus home. I will ride a **different** bus home.

otro (a)

¿Hay **otros** niños que vienen a tu fiesta?
¿Hay **más** niños que vienen a tu fiesta?
Los **otros** niños llegarán tarde. El **resto** de los niños llegará tarde.
Tomaremos el **otro** ómnibus para ir a la casa.
Tomaremos un ómnibus **diferente** para ir a casa.

---

our

This is **our** house.
It **belongs to us.**

nuestro (a)

Ésta es **nuestra** casa.
Esta casa **nos pertenece.**

---

out (1)

Jane took her gift **out** of the box.
Jane **took it from inside** the box.
My parents went **out** tonight.
My parents went **away** from the house.

fuera

Juana sacó el regalo **fuera** de la caja.
Juana **lo tomó** de la caja.
Mis padres están **fuera** de la casa esta noche.
Mis padres **salieron de** la casa.

out (2)

The light is **out.**
The light is **not turned on.**

apagado (a)

La luz está **apagada.**
La luz **no está prendida.**

---

oven

We baked a cake in the **oven.**
The **oven** is inside
the stove.

horno

Cocinamos un pastel en el **horno.**
El **horno** está dentro de la cocina.

---

over (1)

When will the play be **over?**
When will the play be **finished?**

terminado (a)

¿Cuándo habrá **terminado**
el espectáculo?
¿Cuándo habrá **finalizado**
el espectáculo?

over (2)

John jumped **over** the fence.
John jumped **across** the fence.
Mary is holding the umbrella **over** her head.
Mary is holding the umbrella **above** her head.

encima

Juan saltó por **encima** de la cerca.
Juan saltó **a través** de la cerca.
María sostiene la sombrilla **encima** de su cabeza.
María sostiene la sombrilla **por arriba de** su cabeza.

---

over (3)

I must do my homework **over.**
I must do my homework **again.**

rehacer

Debo **rehacer** mi tarea.
Debo hacer mi tarea **otra vez.**

---

over (4)

Jane jumped **over** twenty times.
Jane jumped **more than** twenty times.

más de

Juana saltó **más** de veinte veces.

owe

I **owe** Bill money.
I am in **debt** to Bill.

deber

Le **debo** dinero a Guillermo.
Estoy **en deuda** con Guillermo.

owl

The **owl** is a bird.
The **owl** has big eyes.
The **owl** sleeps during the day
and looks for food at night.

lechuza

La **lechuza** es un ave.
La **lechuza** tiene ojos
grandes.
La **lechuza** duerme
durante el día
y busca alimento
por la noche.

own

I **own** two dogs and one cat.
I **have** two dogs and one cat.

poseer

Poseo dos perros y un gato.
Tengo dos perros y un gato.

pack

We **pack** our clothes when we take a trip.
We **put together** our clothes when we take a trip.

empacar

Empacamos nuestra ropa cuando viajamos.
Juntamos nuestra ropa cuando
hacemos un viaje.

---

package

The postman brought Linda a **package.**
The postman brought
Linda a **box wrapped in paper.**

paquete

El cartero le entregó a Linda un **paquete.**
El cartero le entregó a Linda **una caja envuelta**
en papel.

---

pad

I write on a **pad** of paper.

bloc

Escribo en un **bloc** de papel.

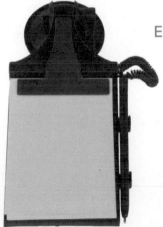

page

Each piece of paper in this book is a **page**.
Each **page** has a number in the lower corner.
Which **page** are you reading?

página

Cada hoja de papel en este libro es una **página**.
Cada **página** tiene un número en la esquina inferior.
¿Qué **página** estás leyendo?

pail

Mary filled the **pail** with water.
Mary filled the **bucket** with water.

cubo

María llenó el **cubo** de agua.
María llenó el **balde** de agua.

pain

Tom has a **pain** in his head.
His head **hurts**. Tom has a **headache**.

dolor

Tomás tiene un **dolor** en la cabeza.
Le **duele** la cabeza.

Tomás tiene **dolor de cabeza**.

paint

Jack will **paint** his house green.
Jack will **color** his house with green **paint.**
I like to **paint** pictures. I use many colors of **paint.**

pintar

Juan **pintará** su casa de verde.
Juan **coloreará** su casa con **pintura** verde.
Me gusta **pintar** cuadros. Uso **pintura** de muchos colores.

pair

A **pair** means **two of a kind.**
Jane has a **pair** of skates. I am wearing a **pair** of shoes.

par

Un **par** significa **dos de la misma especie.**
Juana tiene un **par** de patines.
Estoy usando un **par** de zapatos.

palace

A **palace** is a **large and beautiful house.**
The king and the queen lived in a **palace.**

palacio

El **palacio** es una **casa grande y hermosa.**
El rey y la reina vivían en un **palacio.**

pale
paler
palest

Your face is **pale.** Are you sick?
Your face is **almost white.** Are you sick?

pálido (a)

Tu cara está **pálida.** ¿Estás enfermo?
Tu cara está **casi blanca.** ¿Estás enfermo?

---

palm

Palm trees grow in places where the weather is warm.
The inside of your hand is called the **palm.**

palma

La **palma** crece en lugares donde el clima es cálido.
La parte interior de la mano se llama la **palma.**

---

pan

Mother fries eggs in a **pan.**
This is a **pan.**

sartén

Mamá fríe huevos en una **sartén.**
Ésta es una **sartén.**

pansy
pansies

A **pansy** is a small beautiful flower. There are many different colors of **pansies**.

pensamiento

El **pensamiento** es una flor pequeña y linda. Hay **pensamientos** de muchos colores diferentes.

pant

The dog will **pant** when he is hot and tired. The dog will **breathe hard and fast**.

jadear

El perro **jadeará** cuando tenga calor y esté cansado. El perro **respirará fuerte y rápidamente**.

paper

We write on **paper**. This book is made of **paper**. We wrap things with **paper**.

papel

Escribimos sobre **papel**. Este libro está hecho de **papel**. Envolvemos las cosas con **papel**.

parachute

The man used a **parachute** when he jumped from an airplane.
The **parachute** was fastened to his body.
The **parachute** opened and the man floated slowly to the ground.

paracaídas

El hombre usó un **paracaídas** cuando saltó del avión.
El **paracaídas** estaba atado a su cuerpo.
El **paracaídas** se abrió y el hombre bajó lentamente hacia la tierra.

---

parade

Did you see the circus **parade**?
The band played music and people in bright costumes marched in the street.
There were animals in the **parade**.

desfile

¿Viste el **desfile** del circo?
La banda tocó música y gente con ropa de colores marchó por la calle.
En el **desfile** había animales.

parcel
paquete

The postman brought a **parcel**.

El cartero trajo un **paquete**.

---

parent
padres

I love my **parents**.

Yo amo a mis **padres**.

---

park(1)
parque

The children had a picnic in the **park**.
The **park** has trees, green grass and a lake.

Los niños tuvieron una merienda en el **parque**.
El **parque** tiene árboles, hierba y un lago.

---

park(2)
estacionar

My father will **park** the car in the garage.

Mi padre **estacionará** el auto en el garaje.

part

Which **part** of the chicken do you like?
Which **piece** of the chicken do you like?
Jane took a **part** in the show.
Jane took a **role** in the show.

parte

¿Qué **parte** del pollo te gusta?
¿Qué **pedazo** del pollo te gusta?
Juana tomó **parte** en el espectáculo.
Juana representó un **papel** en el espectáculo.

party
parties

I invited ten children to my birthday **party**.
The boys and girls ate ice cream
and played games. People **get
together** at a **party** to **have fun**.

fiesta

Invité a diez niños a mi **fiesta**
de cumpleaños. Los niños y las niñas
tomaron helado y jugaron. Las personas
se reúnen en una **fiesta** para **divertirse**.

pass

The little car will **pass** the big car.
It is raining but it will soon **pass**.

pasar

El automóvil chico **pasará** al automóvil grande.
Está lloviendo, pero pronto **pasará**.

past
pasado

In the **past** there were no airplanes.

En el **pasado** no había aviones.

---

pat
palmada

Mary wants to give the horse a **pat**.

María quiere darle **palmadas** al caballo.

---

path

We walked on a **path** through the woods.
The **path** is a small dirt road.

sendero

Caminamos por un **sendero** a través del bosque.
Un **sendero** es un caminito de tierra.

pattern

Mother gave me a **pattern** to make a doll dress.
Mother gave me a **guide** to make a doll dress.

modelo

Mi madre me dio un **modelo** para hacer un vestido de muñeca.
Mi madre me dio un **molde** para hacer un vestido de muñeca.

---

paw

The dog digs a hole with his **paw**.
The **paw** is the dog's **foot** and it has claws on it.

pata

El perro hace un pozo con la **pata**.
La pata es el **pie** del perro y tiene garras en ella.

---

pay
pays
paying
paid

Did you **pay** for the book?
Did you **give money in exchange** for the book?

pagar

¿**Pagaste** por el libro?
¿Diste **dinero** a cambio del libro?

pelican

The **pelican** is a large
water bird.
The **pelican** has webbed
feet for swimming.
The **pelican** has a pouch
on its lower bill for
scooping up fish.

pelícano

El **pelícano** es un ave grande que
puede nadar.
El **pelícano** tiene una membrana entre los dedos
que lo ayuda a nadar.
El **pelícano** tiene una bolsa en la parte inferior del
pico para atrapar peces.

---

pen

We write with a **pen**.

pluma

Escribimos con una **pluma**.

---

pencil

Sometimes I write with a pen and sometimes I
write with a **pencil**.
A **pencil** makes marks with lead.

lápiz

Algunas veces escribo con pluma y otras veces con
lápiz.
El **lápiz** marca con un grafito.

people

We have many **people** in our country.
We have many **persons** in our country.

gente

Tenemos mucha **gente** en nuestro país.
Tenemos muchas **personas** en nuestro país.

---

period(1)

The dot at the end of this sentence is a **period**.

punto final

La marca al final de esta oración es un **punto final**.

---

period(2)

There was a **period** when my father was out of work.
There was a **time** when my father was out of work.

época

Hubo una **época** en que mi padre no tenía trabajo.
Hubo un **tiempo** en que mi padre no tenía trabajo.

person

Everyone is a **person**.
You are a **person**.

persona

Cada uno de nosotros es una **persona**.
Tú eres una **persona**.

---

piano

Jane can play the **piano**.
The **piano** is a musical
instrument.

piano

Juana puede tocar
el **piano**.
El **piano** es un
instrumento musical.

---

pick

I like to **pick** cherries from the tree.
I like to **gather** cherries from the tree.

escoger

Me gusta **escoger** las cerezas del árbol.
Me gusta **recoger** cerezas del árbol.

picnic

The girls and boys are having a **picnic**.
They are **eating food outdoors**.

merienda campestre

Las niñas y los niños tienen una **merienda campestre**. Están **comiendo al aire libre**.

---

picture (1)

Bill drew a **picture** of Mary.
Bill drew an **image** of Mary.

retrato

Guillermo pintó el **retrato** de María.
Guillermo hizo un **dibujo** de María.

---

picture (2)

Do you like the **pictures** in this book?

lámina

¿Te gustan las **láminas** de este libro?

pie
pastel

My mother made an apple **pie**.

Mi madre hizo un **pastel** de manzanas.

piece
pedazo

I ate a **piece** of pie.
I ate a **part** of the pie.

Comí un **pedazo** de pastel.
Comí un **trozo** de pastel.

pile
pila

The apples are in a **pile**.
The apples are in a **heap**.
The apples are **bunched** together.

Las manzanas forman una **pila**.
Las manzanas forman un **montón**.
Las manzanas **están agrupadas**.

267

pilgrim

A **pilgrim** is a person that travels.
The **pilgrim** wanders from one place to another.

peregrino

Un **peregrino** es una persona que viaja.
El **peregrino** va de un lugar a otro.

---

pillow

The **pillow** is filled with feathers and is very soft.
The baby's head is on the **pillow**.

almohada

La **almohada** está
rellena de plumas
y es muy suave.
La cabeza del niño está sobre el **almohadón**.

---

pilot

The man flies the airplane.
The man is a **pilot**.
The man that guides a boat is a **pilot**.

piloto

El hombre pilotea el avión.
El hombre es **piloto**.
El hombre que guía
un barco es un **piloto**.

pine

A **pine** tree is called
an **evergreen tree**.
The **pine** tree stays
green all year.
The fruits of a **pine** tree
are cones.

pino

El **pino siempre está verde**.
El **pino** se mantiene verde todo el año.
Los frutos del **pino** se llaman piñas.

---

pipe(1)

Liquids move through a **pipe**.
Liquids move through a **tube**.

tubo

Los líquidos pasan por un **tubo**.
Los líquidos pasan a través de un **tubo**.

---

pipe(2)

Sometimes my father smokes a **pipe**.

pipa

A veces mi padre fuma en **pipa**.

pitcher

My mother keeps cold water in the **pitcher**.

cántaro

Mi madre guarda
agua fría en el **cántaro**.

---

place(1)

The teacher asked, "Is everyone in his **place**?"
The teacher asked, "Is everyone in his **position**?"

sitio

El maestro preguntó: "¿Está cada uno en su **sitio**?".
El maestro preguntó: "¿Está cada uno en su **lugar**?".

---

place(2)

Please **place** the book on the shelf.
Please **put** the book on the shelf.

colocar

Por favor, **coloca** el libro en el estante.
Por favor, **pon** el libro en el estante.

plain(1)

Betty is wearing a **plain** dress.
The dress has **no trimmings**.

sencillo (a)

Betty usa un vestido **sencillo**.
El vestido **no tiene adornos**.

---

plain(2)

A **plain** is a large, flat area of land.

llano

El **llano** es una superficie grande de tierra plana.

---

plan(1)

Do you **plan** to go to the party?
Do you **intend** to go to the party?

planear

¿**Planeas** ir a la fiesta?
¿**Piensas** ir a la fiesta?

plan(2)
plano

Don used a **plan** to build his clubhouse.

Donaldo usó un **plano** para construir su casa.

---

plane(1)

A **plane** is a **tool**.
The **plane** is used
to make wood smooth.

cepillo

Un **cepillo** es una **herramienta**.
El **cepillo** se usa para alisar la madera.

---

plane(2)
avión

There are many **planes** at the airport.

Hay muchos **aviones** en el aeropuerto.

plant

Mother will **plant** a flower garden.
Mother will **put seeds in the ground**.
Bushes, trees, flowers, and grass are **plants**.

plantar

Mi madre va a plantar flores **en el jardín**.
Mi madre va a **poner semillas en la tierra**.
Los arbustos, los árboles, las flores y la hierba son **plantas**.

---

plate

We eat from a **plate**.

plato

Comemos de un **plato**.

---

plateau

A **plateau** is a large, more or less flat piece of land.
The **plateau** is higher than the land around it.
The **plateau** is not as high as a mountain.

meseta

La **meseta** es una extensión más o menos grande de tierra llana y elevada.
La **meseta** es más alta que la tierra que la rodea.
La **meseta** no es tan alta como una montaña.

play(1)

Shall we go outside and **play**?
Shall we go outside and **have fun**?

jugar

¿Podemos salir a **jugar**?
¿Podemos salir a **divertirnos**?

---

play(2)

We enjoyed the **play** very much.
We enjoyed the **performance** very much.

espectáculo

Nos gustó mucho el **espectáculo**.
Nos gustó mucho la **representación**.

---

play(3)
tocar

Ann can **play** the guitar

Ana puede **tocar** la guitarra.

please(1)

When you ask for something you should say, "**Please**."
Please give me an apple.

por favor

Cuando pidas algo, deberás decir: "**Por favor**".
Por favor, dame una manzana.

---

please(2)

I try to **please** my mother.
I try to **make** my mother **happy**.

agradar

Trato de **agradar** a mi madre.
Trato de **hacer feliz** a mi madre.

---

plenty

There is **plenty** of food on the table.
There is **all the food we need** on the table.

suficiente

Hay **suficiente** comida sobre la mesa.
Toda la comida que necesitamos está sobre la mesa.

plumage

A **bird's feathers** are called **plumage**.
The peacock has beautiful **plumage**.

plumaje

A las **plumas de las aves** se las llama **plumaje**.
El pavo real tiene un hermoso **plumaje**.

plump

Mary's baby sister is **plump**.
Mary's baby sister is **fat**.

grueso (a)

La hermanita de María es **gruesa**.
La hermanita de María es **gorda**.

pocket

John keeps his money in his **pocket**.
The **pocket** is part of his pants.
The **pocket** is used to carry things.

bolsillo

Juan guarda su dinero en el **bolsillo**.
El **bolsillo** es parte de sus pantalones.
Usamos el **bolsillo** para llevar cosas.

pod
vaina

The peas grow in a **pod**.

Las arvejas crecen en **vainas**.

poem

Can you write a **poem**?
We arrange words in a special way to make a **poem**.

poema

¿Puedes escribir un **poema**?
Para hacer un **poema**, colocamos las palabras en una forma especial.

point

The pencil has a **point**.
The pencil has a **sharp point**.

punta

El lápiz tiene **punta**.
El lápiz **está afilado**.

pole(1)
asta

The flag is fastened to a **pole**.

La bandera está atada al **asta**.

pole(2)

We use a **pole** when we go fishing.
The **pole** is a **long stick** with a string and hook tied to the end.

caña

Usamos una **caña** para pescar.
La **caña** de pescar es un **palo largo** con una cuerda que tiene un anzuelo en la punta.

policeman
policemen

A **policeman** protects people.
Most **policemen** wear blue uniforms and have a shiny badge.
Sometimes a **policeman** stands at the street corner to tell us when to cross the street.

policía

El **policía** protege a la gente.
La mayoría de los **policías** usan un uniforme azul con una insignia brillante.
Algunas veces el **policía** se para en la esquina y nos dice cuándo podemos cruzar la calle.

polite
politer
politest

Joan is **polite**.
She has **good manners**.

educado (a)

Juana es **educada**.
Tiene **buenos modales**.

---

pond

A pond is a **small lake**.
Jack and Tom go fishing in the **pond**.

estanque

Un **estanque** es un lago pequeño.
Juan y Tomás van a pescar al **estanque**.

---

pony
ponies

Did you ever ride a **pony?**
A **pony** is a **small horse**.

caballito

¿Has montado un **caballito**?
Un **caballito** es un **caballo pequeño**.

porch

Our **porch** is in the front of the house.
The **porch** has a roof and a floor.
Our **porch** does not have walls.

porche

Nuestro **porche** está al frente de la casa.
El **porche** tiene techo y piso.
Nuestro **porche** no tiene paredes.

possible

I will get to school on time if **possible**.

posible

Llegaré a la escuela a tiempo si es **posible**.

postman
postmen

The **postman** brings letters to our house.

cartero

El **cartero** trae las cartas a nuestra casa.

pot

The **pot** is a big bowl for cooking.
Mother cooks food in a **pot**.

cazuela

Una **cazuela** es una vasija grande para cocinar.
Mi madre cocina en una **cazuela**.

---

poultry

The chickens on a farm are called **poultry**.
The ducks and geese are also **poultry**.

aves

Los pollos de la granja
son **aves**.
Los patos y los gansos
también son **aves**.

---

pound

Please don't **pound** on the door.
Please don't **bang** on the door.

golpear

Por favor no **golpee** la puerta.

pour
verter

Watch the water **pour** from the pipe.

Mira cómo el agua
se **vierte** desde el tubo.

---

practice

Jane will **practice** her piano lesson.
Jane will **play her piano lesson several times**.

practicar

Juana va a **practicar** la lección de piano.
Juana va a **tocar la lección varias veces**.

---

praise

The teacher will **praise** Bill's work if he tries hard.
The teacher will **speak well** of Bill's work if he
tries hard.

alabar

El maestro **alabará** el trabajo de Guillermo si él
hace un buen esfuerzo.
El maestro **hablará bien** del trabajo de Guillermo
si él hace un buen esfuerzo.

precious
My mother's ring is **precious**.

precioso (a)

El anillo de mi madre es **precioso**.

---

prepare
You must **prepare** for the reading test. You must **study** for the reading test. Did you **prepare** the picnic lunch? Did you **make** the picnic lunch?

preparar
Debes **prepararte** para el examen de lectura. Debes **estudiar** para el examen de lectura. ¿**Preparaste** la comida para la merienda campestre? ¿**Hiciste** la comida para la merienda campestre?

---

present
The children played a game but Bill was not **present**.
The children played a game but Bill was not **there**.
We gave Mary a birthday **present**.
We gave Mary a birthday **gift**.

presente
Los niños jugaron, pero Guillermo no estaba **presente**.
Los niños jugaron, pero Guillermo no estaba **allí**.
Le dimos a María un **presente** por su cumpleaños.
Le dimos a María un **regalo** por su cumpleaños.

pretend

Jill will **pretend** that she is a queen.
Jill will **make believe** that she is a queen.

pretender

Julia **pretenderá** que es una reina.
Julia les **hará creer** que ella es una reina.

---

pretty
prettier
prettiest

Do you think the girl is **pretty**?
Do you think the girl is
nice to look at?

bonito (a)

¿Crees que la niña es **bonita**?
¿Crees que **te gusta mirarla**?

---

price

The **price** of the pencil is ten cents.
The **cost** of the pencil is ten cents.

precio

El **precio** del lápiz es diez centavos.
El **costo** del lápiz es diez centavos.

primer

manual

I learned to read from a **primer**.
I learned to read from a **beginner's book**.

Aprendí a leer en un **manual**.
Aprendí a leer en un **libro para principiantes**.

---

prince

príncipe

The young boy is a **prince**.
The prince is the **son of a king and queen**.

El niño es un **príncipe**.
El príncipe es el **hijo de la reina y el rey**.

---

princess

princesa

The girl is a **princess**.
She is the **daughter of a king and queen**.

La niña es una **princesa**.
Es la **hija del rey y de la reina**.

principal

Mr. Brown is the **principal** of our school.
Mr. Brown is the **head teacher** of our school.

director

El Sr. Pardo es el **director** de nuestra escuela.
El Sr. Pardo es el **principal** maestro de nuestra escuela.

prize

Bob won a **prize** for winning the race.
Bob won an **award** for winning the race.
Bob won the **prize** for running faster than anyone else.

premio

Roberto ganó un **premio** en la carrera.
Roberto obtuvo un **galardón** por ganar la carrera.
Roberto ganó un **premio** por correr más rápido que los demás.

promise

Do you **promise** to be good?
Do you **say** you will be good?
When you make a **promise**, you do what you say you will do.

prometer

¿**Prometes** ser bueno?
¿**Dices** que vas a ser bueno?
Cuando se hace una **promesa**, hay que cumplir lo prometido.

promote

The teacher will **promote** you if you study hard.
The teacher will **put you in a higher grade** if you study hard.

promover

El maestro te va a **promover** de grado si estudias mucho.
El maestro te va a **poner en un grado más adelantado** si estudias mucho.

prompt

Jane is always **prompt**.
Jane is always **on time**.

pronto

Juana siempre llega **pronto**.
Juana siempre llega **a tiempo**.

proper

Is this the **proper** coat to wear to the party?
Is this the **right** coat to wear to the party?

apropiado (a)

¿Es este abrigo **apropiado** para llevarlo a la fiesta?
¿Es este abrigo **correcto** para ir a la fiesta?

protect
The policeman will **protect** us.
The policeman will **see that nothing harms** us.

proteger
El policía nos **protegerá**.
El policía **se encargará de que nada nos ocurra**.

---

proud
Bill drew a picture and he is **proud** of it.
Bill drew a picture and he is **pleased** with it.

orgulloso (a)
Guillermo hizo un dibujo y se siente **orgulloso** de él.
Guillermo hizo un dibujo y se siente **satisfecho** con él.

---

pudding
Do you like the **pudding**?
Do you like the **soft, sweet dessert**?
Mother made chocolate **pudding**.

pudín
¿Te gusta el **pudín**?
¿Te gusta ese **postre suave y dulce**?
Mi madre hizo un **pudín de chocolate**.

pull

John will **pull** the wagon when the baby wants to ride.
John will **move** the wagon toward him.
I like to **pull** apples from the tree. I will **gather** apples from the tree.

tirar

Juan **tirará** del coche cuando el bebé quiera pasear.
Juan **jalará** el coche hacia él.
Me gusta **sacar** las manzanas del árbol. **Arrancaré** las manzanas del árbol.

---

pumpkin

A **pumpkin** is a large, orange-colored fruit.
The **pumpkin** grows on a vine.
We can cut a face in the **pumpkin**.
Pumpkin pie is good to eat.

calabaza

La **calabaza** es un vegetal grande y anaranjado.
La **calabaza** crece en una planta rastrera.
Podemos calar caras en una **calabaza**.
El pastel de **calabaza** es delicioso.

---

punctual

Jane is always **punctual**.
Jane is always **on time**.

puntual

Juana es siempre **puntual**.
Juana siempre llega **a tiempo**.

pupil

Tom is a **pupil** in this school.
Tom is **one of the children**
in this school.

alumno

Tomás es **alumno** de
esta escuela. Tomás es **uno
de los niños** de esta escuela.

puppy
puppies

A baby dog is called a **puppy**. Bob has two **puppies**.

cachorro

Un perro pequeño es un **cachorro**.
Roberto tiene dos **cachorros**.

pure
purer
purest

The water from the spring is **pure**.
The water from the spring is **clear and clean**.

puro (a)

El agua de manantial es **pura**. El agua de manantial
es **limpia y clara**.

purse

Mother keeps her money in a **purse**.
A **purse** is a **small bag** used for carrying things.

bolso

Mi madre lleva su dinero
en un **bolso**. Un **bolso**
es un **saco pequeño**
que usamos
para llevar cosas.

pursue

We watched the dog **pursue** the cat.
We watched the dog **track** the cat.

perseguir

Mirábamos cómo el perro **perseguía** al gato.
Mirábamos cómo el perro **iba tras** el gato.

---

push

The big boy should not **push** the smaller boy.

empujar

Un niño mayor no debe **empujar** a un niño más pequeño.

---

put
puts
putting
put

John **put** the book on the table.
John **set** the book on the table.

poner

Juan **puso** el libro sobre la mesa.
Juan **colocó** el libro sobre la mesa.

quarrel

You should not **quarrel** with your brother. You should not **say angry words to each other**.

reñir

No debes **reñir** con tu hermano. No deben **decirse palabras ofensivas uno al otro**.

---

quarter

When we divide something into four equal parts we call each piece one **quarter**.

cuarto

Cuando dividimos algo en cuatro partes iguales, decimos que cada una de esas partes es un **cuarto**.

---

queen

Some countries have a **queen**. Some countries have a **woman that rules the people**.

reina

Algunos países tienen una **reina**. Algunos países tienen una **mujer que gobierna al pueblo**.

quench

The water will **quench** the fire. The water will **put out** the fire.

apagar

El agua **apagará** el fuego. El agua **acabará** con el fuego.

question

When you say, **"Where is the dog?"** you have asked a **question**.

pregunta

Has hecho una **pregunta** cuando dices: **"¿Dónde está el perro?"**.

quick
rápido (a)

Let's take a **quick** walk. Let's take a **fast** walk.

Vamos a caminar **con rapidez**. Vamos a caminar **aprisa**.

quiet

Please be **quiet** or you will wake the baby. Please **do not make noise** or you will wake the baby. The sea is very **quiet**. The sea is very **calm**.

quieto (a)

Por favor, estate **quieto** o despertarás al bebé. Por favor, **no hagas ruido** o despertarás al bebé. El mar está muy **quieto**. El mar está muy **calmo**.

quit
quits
quitting

Tom **quit** working because he was tired.
Tom **stopped** working because he was tired.

dejar

Tomás **dejó** de trabajar porque estaba cansado.
Tomás **paró** de trabajar porque estaba cansado.

---

quite

This cake is **quite** good.
This cake is **really** good.

muy

Este pastel está **muy** bueno.
Este pastel está **realmente** bueno.

---

quiz
quizzes

We had a spelling **quiz** at school.
We had a **test to see how well we could spell**.

examen

Tuvimos un **examen** de ortografía en la escuela.
Tuvimos una **prueba para ver cómo está nuestra ortografía**.

rabbit
A **rabbit** is an **animal**. The **rabbit** has long ears and a short tail.

conejo
El **conejo** es un **animal**. El **conejo** tiene las orejas largas y el rabo corto.

---

race
Bob and Tom ran a **race**.
They ran a **race** to find out which boy is fastest.

carrera
Guillermo y Tomás compitieron en una **carrera**. Ellos corrieron una **carrera** para saber cuál era el más rápido de los dos.

---

raccoon
The **raccoon** is a small animal that lives in the woods.
The **raccoon** sleeps during the day and looks for food at night.
A **raccoon** likes to climb trees.

mapache
El **mapache** es un animalito que vive en los bosques.
El **mapache** duerme de día y sale a buscar comida por la noche.
Al **mapache** le gusta treparse a los árboles.

radio
radio

We turn on the **radio** to hear music.

Encendemos el **radio** para escuchar música.

rail(1)

This is a **rail** fence.

cerca

Ésta es una **cerca**.

rail(2)
carril

The train runs on **rails**.

El tren va sobre **carriles**.

rain

We expect some **rain** today.
We expect some **drops of water will fall**.
It **rained** yesterday. It was **raining** last night.

llover

Esperamos que hoy **llueva.**
Esperamos que **caigan** algunas **gotas de agua.**
Ayer **llovió.** Anoche estuvo **lloviendo.**

---

raincoat

Jane will wear her **raincoat** today.
The **raincoat** will keep Jane dry.

impermeable

Juana usará hoy su **impermeable.**
El **impermeable** mantendrá a Juana seca.

---

raise(1)

Raise your hand if you know the answer.
Lift up your hand if you know the answer.

levantar

Levanta la mano si sabes la respuesta.
Alza tu mano si sabes la respuesta.

raise(2)

The farmer **raises** chickens.

criar

El campesino **cría** gallinas.

---

rake

A **rake** is a tool.
We **rake** leaves with a **rake**.

rastrillo

Un **rastrillo** es una herramienta.
Recogemos las hojas con el **rastrillo**.

---

rat

A **rat** is an **animal**.
A **rat** is larger than a **mouse**.

rata

La **rata** es un **animal**.
La **rata** es más grande que el **ratón**.

raven

The **raven** is a large, black bird that looks like a crow. The **raven** has a sharp beak.

cuervo

El **cuervo** es un pájaro negro y grande.
El **cuervo** tiene el pico afilado.

---

reach

Jane cannot **reach** the book on the top shelf.
Jane cannot **stretch out her arm and touch the book**.

alcanzar

Juana no puede **alcanzar** el libro que está en el estante más alto.
Juana no puede **estirar el brazo y tocar el libro**.

---

read
reads
reading

Bill can **read** very well.
Bill can **look at the words and understand what they mean**.
The man is **reading** to my father.

leer

Guillermo puede **leer** muy bien. Guillermo puede **mirar las palabras y entender lo que significan**.
El hombre le está **leyendo** a mi padre.

ready

Our dinner is **ready**.
Our dinner has been **cooked and is on the table**.
We are **ready** to eat dinner.

listo (a)

Nuestra cena está **lista**.
Nuestra cena está **cocinada y servida en la mesa**.
Estamos **listos** para comer.

---

real

The story that Mary told was **real**.
The story that Mary told was **true**.

real

La historia que nos contó María es **real**.
La historia que nos contó María es **cierta**.

---

reason

Bill told the teacher the **reason** he was late.
Bill told the teacher **why** he was late.

razón

Guillermo le dijo a la maestra la **razón** por la cual
había llegado tarde.
Guillermo le explicó a la maestra **por qué** había
llegado tarde.

receive

Jane will **receive** many gifts on her birthday.
Jane will **get** many gifts on her birthday.

recibir

Juana **recibirá** muchos regalos en su cumpleaños.
Juana **obtendrá** muchos regalos en su cumpleaños.

---

recognize

Do you **recognize** the boy walking with Tom?
Did you **know** the boy before now?
Do you **remember** his name?

reconocer

¿**Reconoces** al muchacho que va con Tomás?
¿**Conocías** al muchacho desde antes?
¿**Recuerdas** su nombre?

---

red
redder
reddest

Fire engines are usually **red**.

rojo (a)

Las bombas de incendios generalmente son **rojas**.

R

remain

Please **remain** in your seat.
Please **stay** in your seat.
Bob ate one apple and
one **remained**.

quedarse

Por favor, **quédese**
en su asiento.
Por favor, **permanezca** en su asiento.
Roberto se comió una manzana
y **quedó** otra.

---

remember

Do you **remember** the date of your birthday?
Do you **have in mind** the date of your birthday?
You should **not forget** the date of your birthday.

recordar

¿**Recuerdas** la fecha de tu cumpleaños?
¿Te **acuerdas** de la fecha de tu cumpleaños?
No debiera **olvidársete** la fecha de tu cumpleaños.

---

remove

Betty will **remove** her wet coat.

quitar

Margarita se va a **quitar**
el abrigo mojado.

302

rent

We **rent** our house.
Another person owns the house but we **pay for using** the house.

alquilar

Alquilamos nuestra casa.
Otra persona es la dueña de la casa, pero nosotros le **pagamos por usarla**.

---

repeat

Would you **repeat** the answer?
Would you **say it again**?
To **repeat** is to do something **more than one time**.

repetir

¿**Repetirías** la respuesta?
¿Lo **dirías de nuevo**?
Repetir es hacer algo **más de una vez**.

---

reply

What was your **reply** to the question?
What was your **answer** to the question?

contestación

¿Cuál fue tu **contestación** a la pregunta?
¿Cuál fue tu **respuesta** a la pregunta?

report

Jack gave a **report** of his vacation.
Jack **told all about** his vacation.

informe

Juan hizo un **informe** de sus vacaciones.
Juan **contó todo** lo que hizo en sus vacaciones.

---

resident

My father is a **resident** of our town.
My father is **a person who lives in** our town.

residente

Mi padre es **residente** de nuestro pueblo.
Mi padre es **una persona que vive en** nuestro pueblo.

---

rest

Tom finished his work and now he will **rest**.
Tom finished his work and now he will **sit still for a while**.

descansar

Tomás terminó su trabajo y ahora **descansará**.
Tomás terminó su trabajo y ahora se **sentará tranquilo por un rato**.

return
devolver

You may read my book but you must **return** it.

Puedes leer mi libro, pero debes **devolvérmelo**.

---

rhinoceros

The **rhinoceros** is a large, thick-skinned animal that lives in Africa and Asia. A **rhinoceros** eats plants. A **rhinoceros** has a horn on his nose.

rinoceronte

El **rinoceronte** es un animal grande y de piel gruesa que vive en África y en Asia. El **rinoceronte** come plantas. El **rinoceronte** tiene un cuerno en la nariz.

---

ribbon

Jane has a blue **ribbon** in her hair.
Jane has a blue **strip of cloth** in her hair.
We tie a gift with **ribbon**.

cinta

Juana tiene una **cinta** azul en el cabello.
Juana tiene un **pedazo de tela** en el cabello.
Atamos el regalo con una **cinta**.

rich

Some people are **rich** and some people are poor.
Some people **have much money** and some people
have none.

rico (a)

Alguna gente es **rica** y otra es pobre.
Alguna gente **tiene mucho dinero** y otra gente no
tiene nada.

---

riddle

A **riddle** is a question that
is hard to answer.
In fact, it is a **puzzle**.

adivinanza

Una **adivinanza** es una
pregunta difícil de contestar.
De hecho, es un **acertijo**.

---

ride
rides
riding
rode
ridden

Jack likes to **ride** the pony.
Jack likes to be **carried** by the pony.
Yesterday, he **rode** the pony for one hour.

montar

A Juan le gusta **montar** el caballito.
A Juan le gusta que el caballito lo **lleve**.
Ayer, **montó** el caballito durante una hora.

right(1)

Betty writes with her **right** hand.
She holds the paper with
her left hand.

derecho (a)

Margarita escribe
con la mano **derecha**.
Ella sostiene el papel con la mano izquierda.

---

right(2)

Bob had the **right** answer.
Bob had the **correct** answer.

correcto (a)

Roberto tuvo la respuesta **correcta**.
Roberto tuvo la respuesta **apropiada**.

---

ring(1)

The teacher said, "Please get in a **ring**."
The teacher said, "Please get in a **circle**."

círculo

La maestra dijo: "Por favor, formen un **círculo**".
La maestra dijo: "Por favor, hagan una **ronda**".

ring(2)

My mother has a gold **ring**.
A **ring** is a **circle** of gold.

anillo

Mi madre tiene un **anillo** de oro.
Un **anillo** es un **aro** de oro.

ring(3)
rings
ringing
rang
rung

Did you hear the telephone **ring**?
Did you hear the telephone **jingle**?

sonar

¿Escuchaste **sonar** el teléfono?

rip

The dog **ripped** the doll.
The dog **tore** the doll.

rasgar

El perro **rasgó** la muñeca.

ripe
riper
ripest

The melon is **ripe**.
The melon is **not green**.
The melon is the **right age to eat**.

maduro (a)

La sandía está **madura**.
La sandía **no está verde**.
La sandía está **lista para comer**.

---

rise
rises
rising
rose
risen

We watched the sun **rise**.
We watched the sun **come up**.
The sun **rose** over the mountain.
The sun has **risen**.

salir

Miramos cómo **salía** el sol.
Miramos cómo el sol se **asomaba**.
El sol **salió** por detrás de la montaña.
El sol ha **salido**.

---

river

The Amazon is a **river**.

río

El Amazonas es un **río**.

road

A **road** is a way made for going between places by car.
Sometimes we call the **road** a **highway**.

camino

Un **camino** es una vía para viajar en automóvil entre dos lugares.
A veces al **camino** le decimos **carretera**.

---

roar

Have you heard a lion **roar**?
Have you heard a lion **make a loud noise**?
A dog barks but a lion **roars**.

rugir

¿Has oído **rugir** a un león?
¿Has oído a un león **haciendo un ruido fuerte**?
El perro ladra, pero el león **ruge**.

---

roast

Mother will put the meat in the oven to **roast**.
Mother will put the meat in the oven to **cook**.

asar

Mi madre pondrá la carne en el horno para **asarla**.
Mi madre pondrá la carne en el horno para **cocinarla**.

robin

Robin is the name of a bird.
A **robin** has a red breast.

petirrojo

Petirrojo es el nombre de un pájaro.
El **petirrojo** tiene las plumas del pecho rojas.

---

rock(1)

Bill threw a **rock** in the water.
Bill threw a **large stone** in the water.

roca

Guillermo arrojó una **roca** al agua.
Guillermo arrojó una **piedra grande** al agua.

---

rock(2)

My mother **rocks** the baby.
She is sitting in a rocking chair.

mecer

Mi madre **mece** al bebé.
Ella está sentada en una
mecedora.

roll

The girls and boys **roll** the snowball.
They **turn** the snowball **over and over**.

rodar

Las muchachas y los muchachos **hacen rodar** la bola de nieve.
Voltean la bola de nieve **una y otra vez**.

---

roof

The **roof** is the top of our house.
The **roof** keeps the rain out.

techo

El **techo** es la parte superior de nuestra casa.
El **techo** protege la casa de la lluvia.

---

room(1)

Jill sleeps in her **room**.
The **room** has walls around it.
There are other **rooms** in the house.

habitación

Julia duerme en su **habitación**.
La **habitación** está rodeada de paredes.
Hay otras **habitaciones** en la casa.

room(2)

Is there **room** for one more in the car?
Is there **space** for one more in the car?

lugar

¿Hay **lugar** para otra persona en el coche?
¿Hay **espacio** para otra persona en el coche?

---

rooster

The **rooster**
is a father chicken.
The mother chicken
is a hen.
The **rooster** crows
in the morning.

gallo

El **gallo** es el padre de los pollos.
La madre de los pollos es la gallina.
El **gallo** canta por la mañana.

---

rope

A **rope** is a kind of
heavy string.
Sometimes we tie the
dog with a **rope**.

soga

Una **soga** es un tipo
de **cordel grueso**.
Algunas veces atamos
al perro con una **soga**.

rose

A **rose** is a beautiful flower. **Roses** grow on a bush. There are many different colors of **roses**.

rosa

La **rosa** es una flor preciosa. Las **rosas** crecen en un arbusto. Hay muchos colores diferentes de **rosas**.

---

rough(1)
bravo (a)

The sea was **rough**. It was **stormy**.

El mar estuvo **bravo**. Estaba **tormentoso**.

---

rough(2)
áspero (a)

The board is **rough**. The board is **not smooth**.

La tabla es **áspera**. La tabla **no** es **lisa**.

---

rough(3)
desigual

The road is **rough**. It is **bumpy**.

El camino es **desigual**. Está **poceado**.

round
redondo (a)

A baseball is **round**. A circle is **round**.
When something is shaped like a circle it is **round**.

Una pelota de béisbol es **redonda**.
Un círculo es **redondo**. Cuando alguna cosa tiene una forma circular, es **redonda**.

---

route

My father must decide
which **route** to take
to the mountains.
My father must decide which
road to take to the mountains.

ruta

Mi padre debe decidir cuál es la **ruta** a seguir para llegar a las montañas.
Mi padre debe decidir cuál es el **camino** a seguir para llegar a las montañas.

---

row(1)

Mother planted the flowers in a **row**.
Mother planted the flowers in a **line**.

hilera

Mi madre ha plantado
las flores en **hilera**.
Mi madre ha plantado
las flores en **fila**.

R

row(2)
remar

We **row** to make the boat move. We use oars to **row**.

Remamos para hacer que el bote se mueva. Usamos remos para **remar**.

---

rub
frotar

I **rub** my hands together to get them warm.
When something hurts I **rub** it with my hand.

Yo me **froto** las manos para calentármelas.
Cuando algo me duele, me lo **froto** con la mano.

---

rubber

Rubber is made from the sap of a **rubber** tree.
A **rubber** ball will bounce.
The tires on a car are made of **rubber**.

goma

La **goma** está hecha con la savia del **gomero**.
Una pelota de **goma** salta.
Las llantas del auto están hechas con **goma**.

rude

Bill was **rude** to the other boy. Bill was **not nice** to the other boy. Bill used **poor manners**.

rudo (a)

Guillermo fue **rudo** con el otro niño. Guillermo **no** fue **bueno** con el otro muchacho. Guillermo actuó con **malos modales**.

---

rug

The **rug** is a cover for the floor. The **rug** is soft to walk on. I have a small **rug** beside my bed.

alfombra

La **alfombra** es una cubierta que ponemos sobre el piso.
La **alfombra** se siente suave cuando caminamos por ella.
Yo tengo una **alfombrita** al lado de mi cama.

---

rule(1)

The king's job is to **rule** his country.
The king's job is to **lead** his country.

gobernar

El trabajo del rey es **gobernar** a su país.
El trabajo del rey es **dirigir** a su país.

---

rule(2)

In school we have **rules** to go by.
In school we have **laws** to go by.

regla

En la escuela hay **reglas** para cumplir.
En la escuela tenemos **reglamentos** que respetar.

run
runs
running
ran
run

Bob can **run** faster than Bill.
Bob can **move his feet faster** than Bill.

correr

Roberto puede **correr** más aprisa que Guillermo.
Roberto puede **mover sus pies más rápidamente** que Guillermo.

---

rush

Jane is late and she must **rush**.
She is late and she must **walk quickly**.

apresurarse

Juana está atrasada y debe **apresurarse**.
Ella está atrasada y debe **caminar apresuradamente**.

sack

My mother bought
a **sack** of potatoes.
My mother bought
a **bag** of potatoes.

saco

Mi madre compró
un **saco** de papas.
Mi madre compró
una **bolsa** de papas.

---

sad
sadder
saddest
triste

Mary lost her kitten and she is **sad**.
Mary lost her kitten and she
is **unhappy**.

A María se le perdió su gatito
y está **triste**.
A María se le perdió el gatito
y **no** se siente **feliz**.

---

safe
safer
safest
seguro (a)

I feel **safe** when the policeman helps me cross
the street.
I feel **free from danger** when the policeman helps
me cross the street.

Me siento **seguro** cuando el policía me ayuda a
cruzar la calle.
Me siento **libre de peligro** cuando el policía me
ayuda a cruzar la calle.

sail

The sailboat has **sails** on it.
Wind blows against the **sails** and makes the boat go.

vela

El velero tiene **velas**.
El viento sopla contra las **velas**
y hace que el bote navegue.

---

sailor

A **sailor** is a man that works on a boat.
The **sailor** sails on big boats.

marinero

Un **marinero** es un hombre que trabaja en
un barco.
El **marinero** navega en barcos grandes.

---

salad

Mother made a vegetable **salad**.
She mixed different kinds of vegetables and put
salad dressing on them.
Sometimes we have
fruit **salad**.

ensalada

Mi madre hizo una
ensalada de hortalizas.
Mezcló diferentes clases
de hortalizas y les añadió un aderezo.
Algunas veces comemos **ensalada** de frutas.

sale

Tom has a new bike and his old bike is for **sale**.
Tom wants to sell his old bike.

venta

Tomás tiene una bicicleta nueva y puso su bicicleta vieja en **venta**.
Tomás quiere vender su bicicleta vieja.

---

salt

Most **salt** comes from out of the ground.
We put **salt** on food to make the food taste better.
The ocean has **salt** in it.

sal

La tierra produce la mayor parte de la **sal**.
Le ponemos **sal** a la comida para que tenga mejor gusto.
El océano contiene **sal**.

---

same(1)

Mary's dress and my dress are the **same**.

igual

El vestido de María y el mío son **iguales**.

same(2)
We buy our clothes at the **same** store.

mismo (a)
Nos compramos la ropa en la **misma** tienda.

---

sand
The children play in the **sand** at the seashore.
Sand is tiny pieces of rock.
The desert is covered with **sand**.

arena
Los niños juegan en la **arena** a la orilla del mar.
La **arena** está formada por pedacitos de rocas.
El desierto está cubierto de **arena**.

---

sandwich
sandwiches
When we put food between two pieces of bread we make a **sandwich**.

emparedado
Cuando ponemos comida entre dos pedazos de pan, hacemos un **emparedado**.

satisfy

We gave the baby a bottle of milk to **satisfy** her.
We gave the baby a bottle of milk to **please** her.

satisfacer

Le dimos al bebé una botella de leche para **satisfacerlo**.
Le dimos al bebé una botella de leche para **complacerlo**.

---

save(1)

I **save** my money in a coin bank.
I **keep** my money in a coin bank.

ahorrar

Ahorro mi dinero en una alcancía.
Guardo mi dinero en una alcancía.

---

save(2)

Tom tried to **save** the bird's life.
Tom tried to **protect** the bird's life.

salvar

Tomás trató de **salvar** la vida del pajarito.
Tomás trató de **proteger** la vida del pajarito.

saw

A **saw** is a tool. A **saw** cuts wood.
Father will **saw** the tree down.
Father will **cut** the tree down.

serrucho

Un **serrucho** es una herramienta. El **serrucho** corta la madera.
Mi padre **serruchará** el árbol.
Mi padre **cortará** el árbol.

---

say
says
saying
said

When you **speak** you **say** something.
Did you want to **say** something to me?
Did you want to **tell** me something?

decir

Cuando **hablas, dices** algo.
¿Querías **decirme** algo? ¿Querías **contarme** algo?

---

scale(1)

Bill stands on the **scale** to weigh himself.
Bill stands on the **weighing machine** to weigh himself.

balanza

Guillermo está parado sobre la **balanza** para pesarse. Guillermo está parado sobre un **instrumento para pesarse**.

scale(2)

Nearly all fish are covered with **scales**.

escama

Casi todos los peces están cubiertos de **escamas**.

---

scare

The dog barked at Jane but it did not **scare** her.
The dog barked at Jane but she was not **frightened**.

asustar

El perro le ladró a Juana, pero no la **asustó**.
El perro le ladró a Juana, pero ella no tuvo **miedo**.

---

scarf
scarves

My father wears a **scarf** around his neck.
He wears a **piece of cloth** around his neck to keep him warm.

bufanda

Mi padre usa una **bufanda** alrededor del cuello.
Él usa un **pedazo de tela** alrededor del cuello para mantenerse abrigado.

scatter

We watched the farmer **scatter** the grass seed.
We watched the farmer **throw the seed here and there**.
He threw the seeds **in all directions**.

esparcir

Vimos cómo el campesino **esparcía** semillas.
Observamos al campesino **arrojar las semillas a un lado y a otro**.
Él echó las semillas **en todas las direcciones**.

---

scene(1)

Is this the **scene** where the accident happened?
Is this the **place** where the accident happened?

sitio

¿Es éste el **sitio** donde ocurrió el accidente?
¿Es éste el **lugar** donde sucedió el accidente?

---

scene(2)

A **scene** is part of a play.

escena

La **escena** es parte de una obra teatral.

schedule

Father has a train **schedule**. The **schedule** is a **list of the times** the trains leave and arrive at the train station. When we go on vacation we make a **schedule**. We make a **list of the things we plan to do**.

itinerario

Mi padre tiene un **itinerario** de los trenes. El **itinerario** es una **lista de las horas** de las salidas y llegadas de los trenes a la estación y sus recorridos. Cuando nos vamos de vacaciones, preparamos un **itinerario**.
Preparamos una **lista de todas las cosas que planeamos hacer**.

school

We go to **school** to learn.
We have teachers in our **school**.
We have pupils in our **school**.

escuela

Vamos a la **escuela** a aprender.
Hay maestros en la **escuela**.
Hay alumnos en la **escuela**.

schoolroom

A **schoolroom** is a room in the schoolhouse.
Our **schoolroom** has a blackboard and bookcases.

aula

Un **aula** es un salón de la escuela.
Nuestra **aula** tiene una pizarra y estantes para libros.

scissors

Scissors are used to
cut paper and cloth.
The barber cuts
my hair with **scissors**.

tijeras

Las **tijeras** se usan para cortar papel y tela.
El peluquero me corta el cabello con una **tijera**.

---

scold

If you are bad,
the teacher will **scold** you.
If you are bad, the teacher
will be **angry
and find fault with you**.
She will say **sharp words**
to you.

regañar

Si no te portas bien, la maestra
te **regañará**.
Si no te portas bien, la maestra se **enojará y
te llamará la atención**.
Ella te dirá **palabras de reproche**.

---

scooter

John rides on his **scooter**.
He puts one foot on the **scooter** and pushes with
the other foot to make it go.

patineta

Juan monta en su **patineta**.
Él pone un pie sobre la **patineta** y la impulsa
apoyando el otro pie en el piso.

scrap

Tom gave the dog a **scrap** of meat.
Tom gave the dog a **small piece** of meat.
A **scrap** of paper is a **small piece** of paper.

recorte

Tomás le dio al perro un **recorte** de carne.
Tomás le dio al perro un **pedacito** de carne.
Un **recorte** de papel es un **pedacito** de papel.

---

scrape

Ann spilled paint on her desk.
She will **scrape** the paint off.

raspar

Ana derramó pintura sobre su escritorio.
Ella va a sacar la pintura **raspándola**.

---

scratch(1)

Bill has a **scratch** on his hand.
Bil has a **little cut** on his hand.

arañazo

Guillermo tiene un **arañazo** en la mano.
Guillermo tiene un **corte pequeño** en la mano.

scratch(2)

When I have an itch I **scratch** it with my fingers.

rascar

Cuando tengo una picazón
me **rasco** con los dedos.

---

scream

Did you hear the baby **scream**?
Did you hear the baby give a **loud cry**?

gritar

¿Oíste cómo **gritó** el bebé?
¿Oíste al bebé **llorar en voz alta**?

---

screen

When we watch television, we look at the television
screen.

pantalla

Cuando vemos televisión, miramos la **pantalla.**

scrub

Jane helped her mother **scrub** the floor.
Jane helped her mother **wash** the floor.

fregar

Juana ayudó a su madre
a **fregar** el piso.
Juana ayudó a su madre
a **lavar** el piso.

---

sea

The **sea** is a large body of salty water.
An ocean is called the **sea**.
Whales swim in the **sea**.

mar

El **mar** es una gran extensión de agua salada.
Al océano también se lo llama **mar**.
Las ballenas nadan en el **mar**.

---

seal

The **seal** is an animal that lives in the ocean.
The **seal** lives where the water is cold.
The **seal** eats fish.

foca

La **foca** es un animal
que vive en el océano.
La **foca** vive donde
el agua está fría.
La **foca** come peces.

season

Winter is a **season** of the year.
Winter is a **time** of the year.
The four **seasons** in a year are winter, spring, summer and autumn.

estación

El invierno es una de las **estaciones** del año.
El invierno es una **época** del año.
Las cuatro **estaciones** del año son: invierno, primavera, verano y otoño.

---

seat

The teacher said, "Please go to your **seat**."
The teacher said, "Please go to your **chair** and **sit down**."

asiento

El maestro dijo: "Por favor, vaya a su **asiento**".
La maestra dijo: "Por favor, vaya a su **silla** y **tome asiento**".

---

second

Tom finished the race first.
Bill finished the race **second**.
A **second** is a **short period of time**.
There are sixty **seconds** in a minute.

segundo

Tomás terminó la carrera en el primer lugar.
Guillermo terminó la carrera en el **segundo** lugar.
Un **segundo** es un **breve espacio de tiempo**.
Hay sesenta **segundos** en un minuto.

see

We **see** with our eyes. We **look at things** with our eyes. If you get sick, you must **see** the doctor. If you get sick, you must **visit** the doctor.

ver

Vemos con los **ojos**.
Miramos las cosas con nuestros ojos.
Si te enfermas, debes ir a **ver** al médico.
Si te enfermas, debes **visitar** al médico.

---

seed

A plant grows from a **seed**.
My mother plants **seeds**
in the flower garden.
A farmer plants **seeds**
to raise food.
An acorn is a **seed**. An oak tree grows from an **acorn**.

semilla

La planta crece de una **semilla**. Mi madre siembra **semillas** en el jardín. El campesino siembra **semillas** para cultivar alimentos. La bellota es una **semilla**. El roble crece de una **bellota**.

---

seem

Bob does not **seem** angry. Bob does not **look** angry. Does the weather **seem** hot to you? Does the weather **appear** hot to you?

parecer

Roberto no **parece** estar enfadado. Roberto no **luce** enfadado. ¿No te **parece** que hace calor?

seesaw

The children are playing on the **seesaw**.
It goes up and down.

balancín

Los niños están jugando en el **balancín**.
El **balancín** sube y baja.

---

seize

Did you see the cat **seize** the mouse?
Did you see the cat **take hold of** the mouse?

agarrar

¿Viste cómo el gato **agarró** al ratón?
¿Viste cómo el gato **cogió** al ratón?

---

seldom

I **seldom** go the the zoo.
I **rarely** go the zoo.
I **do not often** go to the zoo.

rara vez

Rara vez voy al zoológico.
Pocas veces voy al zoológico.
No voy al zoológico con **frecuencia**.

select

Please **select** the book that you want.
Please **pick out** the book that you want.

seleccionar

Por favor, **selecciona** el libro que quieras.
Por favor, **escoge** el libro que quieras.

---

sell

Joe is trying to **sell** his newspapers.
Joe is trying to **get money for** his newspapers.

vender

José está tratando de **vender** periódicos.
José está tratando de **obtener dinero** por los periódicos.

---

semicircle

Can you draw a **semicircle**? A **semicircle** is a half circle.
This is a circle. This is a **semicircle**.

semicírculo

¿Puedes dibujar un **semicírculo**?
Un **semicírculo** es la mitad de un círculo.
Esto es un círculo. Esto es un **semicírculo**,

send
sends
sending
sent

I will **send** grandmother a gift on her birthday.
My mother will **send** me to bed at nine o'clock.
My mother will **make me go** to bed at nine o'clock.

enviar

Le **enviaré** a mi abuela un regalo por su cumpleaños.
Mi madre me **enviará** a la cama a las nueve.
Mi madre **me hará ir** a la cama a las nueve.

---

sense

There is no **sense** in going out tonight. There is no **reason** for going out tonight. My mother has good **sense**. My mother **knows the right thing to do**.

sentido

No tiene **sentido** salir esta noche. No hay **razón** para salir esta noche. Mi madre tiene **sentido** común. Mi madre **sabe lo que hay que hacer**.

---

sentence

A **sentence** is words put together to tell or ask something.
The line of words that you are reading is a **sentence**.

oración

Una **oración** son las palabras que se ponen juntas para decir o preguntar algo. La línea de palabras que estás leyendo es una **oración**.

separate

Bob will **separate** the bad apples from the good apples.
Bob will **take**
the bad apples **away from** the good apples.

separar

Roberto **separará**
las manzanas
malas de las buenas.
Roberto **sacará**
las manzanas malas
de entre las buenas.

---

serve

Mother will **serve** our food. Mother will **wait upon** us.
Mother will **bring our food to** us.

servir

Mi madre **nos servirá** la comida. Mi madre nos atenderá.
Mi madre **nos traerá los alimentos**.

---

set(1)
sets
setting

Please **set** the chair in the corner.
Please **put** the chair in the corner.

colocar

Por favor, **coloca** la silla en el rincón.
Por favor, **pon** la silla en el rincón.

set(2)

We have a new **set** of dishes. We have a new **group** of dishes.

juego

Tenemos un **juego** nuevo de platos. Tenemos un **grupo** nuevo de platos.

---

seven

Seven is a number.
When you count to **seven** you say: 1, 2, 3, 4, 5, 6, **7**.
I was **seven** years old last year.

siete

El **siete** es un número.
Cuando cuentas hasta **siete**, dices: 1, 2, 3, 4, 5, 6, **7**.
Yo cumplí **siete** años el año pasado.

---

sew
sews
sewing
sewed
sewn

Do you know how to **sew**?
Do you know how to **connect cloth together with a needle and thread**?
Mother **sews** on a **sewing** machine.

coser

¿Sabes **coser**?
¿Sabes **unir las telas con una aguja y un hilo**?
Mi madre **cose** en una máquina de **coser**.

shade(1)
We have a **shade** over the window.
The **shade** keeps the light out of the room.

cortina
Tenemos una **cortina** en la ventana.
La **cortina** reduce la claridad de la habitación.

---

shade(2)
When the sun is too hot, we sit in the **shade** of a tree.

sombra
Cuando al sol hace demasiado calor, nos sentamos bajo la **sombra** de un árbol.

---

shadow
The **shadow** of a tree is the shape made by the sun shining around the tree. Did you see your **shadow** on the ground?
You were standing between your **shadow** and the sun.

sombra
La **sombra** de un árbol es su silueta proyectada por la luz del sol. ¿Has visto tu **sombra** en el piso?
Estabas parado entre tu **sombra** y el sol.

shake(1)
shakes
shaking
shook
shaken

The boys **shake** the tree to get the apples.

The boys **move** the tree **back and forth quickly**.

sacudir

Los muchachos **sacuden** las ramas para que caigan las manzanas.

Los muchachos **mueven** las ramas **rápidamente de un lado a otro**.

---

shake(2)
shakes
shaking
shook
shaken

I will **shake** hands with my new friend.

estrechar

Estrecharé la mano a mi nuevo amigo.

---

shape

The **shape** of a baseball is **round**. Sometimes the **shape** of a book is **square**.

forma

La **forma** de una pelota es **redonda**.

Algunas veces la **forma** de un libro es **cuadrada**.

share

Jane and Betty will **share** the picnic lunch.
Each girl will **have a part** of the picnic lunch.

compartir

Juana e Isabel **compartirán** el almuerzo campestre.
Cada muchacha **tomará una parte** del almuerzo campestre.

---

sharp(1)

The knife is very **sharp**.
The point of the pencil is **sharp**.
The point of the pencil is **very fine**.

afilado (a)

Este cuchillo está muy **afilado**.
La punta del lápiz está **afilada**.
La punta del lápiz es **muy fina**.

---

sharp(2)

Tom is **sharp**.
Tom is **quick to understand** things.

vivo (a)

Tomás es muy **vivo**.
Tomás **comprende** las cosas rápidamente.

shave

I watched Father **shave**.
I watched Father **cut
the hair off his face**.

afeitar

Vi cómo mi padre se **afeitaba**.
Vi a mi padre **cortarse
los pelos de la cara**.

---

she

A girl is a "**she**".
"**She**" is **not a boy**.

ella

Una niña es "**ella**".
"**Ella**" **no es un niño**.

---

shed(1)

The farmer keeps his tractor in a **shed**.
The **shed** is a low building.

cobertizo

El campesino guarda su tractor en el **cobertizo**.
El **cobertizo** es una casa de techo bajo.

shed(2)
sheds
shedding

Does your dog **shed** his hair?

mudar

¿Su perro **muda** el pelaje?

---

sheep

A **sheep** is an animal.
A **sheep's** hair is called wool.
A **sheep's** wool
is made into cloth.

oveja

La **oveja** es un animal.
Al pelo de la **oveja**
se le dice lana.
La lana de **oveja**
sirve para hacer telas.

---

sheet(1)

Bill is writing on a **sheet** of paper.
Bill is writing on a **piece** of paper.

hoja

Guillermo está escribiendo en una **hoja** de papel.
Guillermo está escribiendo en unp   344 **papel**.

sheet(2)

I have a **sheet** on my bed.
The **sheet** is nice and smooth.

sábana

Tengo una **sábana** que cubre mi cama.
La **sábana** es agradable y suave.

---

shelf

The books are on the **shelf**.
The **shelf** is a board fastened to the wall.

estante

Los libros están en el **estante**.
El **estante** es una tabla que se ha fijado en la pared.

---

shell

An egg **shell** is easy to break.
A nut **shell** is hard to break.
The turtle has a **shell** on his back.

cáscara

Una **cáscara** de huevo es fácil de romper.
La **cáscara** de nuez es dura de romper.
La tortuga tiene un **caparazón** en el lomo.

shelter
refugio

The house is our **shelter**.

La casa es nuestro **refugio**.

---

shine(1)
shines
shining
shined
shone

If there are no clouds the moon will **shine** tonight, and the stars will **glimmer**.

brillar

Si no hay nubes, la luna **brillará** esta noche y las estrellas titilarán.

---

shine(2)

I **shine** my shoes every day.
I **polish** my shoes every day.

lustrar

Lustro mis zapatos todos los días.
Limpio mis zapatos todos los días.

ship

A **ship** goes across the ocean.
A **ship** is a very large boat.

buque

Un **buque** cruza el océano.
Un **buque** es un bote muy grande.

shirt

John wears a **shirt** under his jacket.
The **shirt** has a collar on it.

camisa

Juan usa una **camisa** debajo de la chaqueta.
La **camisa** tiene cuello.

shiver

Sometimes when we get cold
we **shiver**.
Sometimes when we get cold
we **shake**.

temblar

Algunas veces **temblamos**
cuando tenemos frío.
Algunas veces nos **estremecemos**
cuando tenemos frío.

shoe

You wear a **shoe** on each foot.
Your **shoes** protect your feet.
Most **shoes** are made of leather but some are made of cloth.

zapato

Usas un **zapato** en cada pie.
Tus **zapatos** te protegen los pies.
La mayoría de los **zapatos** se hacen de cuero, pero otros se hacen de tela.

---

shoot

Hunters **shoot** at wild animals with a gun.

tirar

Los cazadores le **tiran** a los animales salvajes con una escopeta.

---

shore

Jack and Jim are playing on the **shore**.

orilla

Juan y Jaime están jugando en la **orilla**.

short

Jane is too **short** to reach the book on the shelf.
Jane is **not tall** enough to reach the book.
I have one long pencil and one **short** pencil.

pequeño

Juana es demasiado **pequeña** y no alcanza el libro en el estante. Juana **no** es lo bastante **alta** para alcanzar el libro.
Tengo un lápiz grande y otro **pequeño**.

---

shout
gritar

The baby is asleep. Please do not **shout**.

El bebé está dormido. Por favor, no **grites**.

---

shovel

Father uses a **shovel** to shovel snow from the sidewalk. Did you ever see a steam **shovel**?
A steam **shovel** is a machine that digs large holes in the ground.

pala

Mi padre usa una **pala** para quitar la nieve de la acera.
¿Has visto alguna vez una **pala** de vapor?
Una **pala** de vapor es una máquina que hace pozos profundos en el suelo.

show
mostrar

Please **show** me your bird. Please **let me see** your bird.

Por favor, **muéstrame** el pajarito. Por favor, **déjame ver** el pajarito.

---

shower(1)
chaparrón

The children were caught in a rain **shower**. They got very wet.

El **chaparrón** sorprendió a los niños. Se mojaron mucho.

---

shower(2)
ducha

Jane uses soap and shampoo to clean her body when she takes a **shower**.

Juana usa jabón y champú para limpiarse el cuerpo cuando **se ducha**.

---

shut
shuts
shutting
cerrar

Bill will **shut** the door.
Bill will **close** the door.

Guillermo **cerrará** la puerta.
Guillermo **trancará** la puerta.

sick

When we are **sick**,
we **don't feel well**.
When we are very **sick**,
we call the doctor.

enfermo (a)

Cuando estamos **enfermos**, **no** nos **sentimos
bien**. Cuando nos sentimos muy **enfermos**,
llamamos al médico.

---

side

Your body has two **sides**. The right half of your
body is a **side**.
The left half of your body is a **side**.

lado

Tu cuerpo tiene dos **lados**. La parte derecha de tu
cuerpo es un **lado**.
La parte izquierda de tu cuerpo es un **lado**.

---

sight

The girl does not have good **sight**.
She wears glasses because
she does not **see well**.

vista

La niña no tiene buena **vista**.
Usa lentes porque no **ve bien**.

sign(1)

My father will **sign** my report card.
He will put his **signature** on my report card.

firmar

Mi padre **firmará** mi libreta de calificaciones.
Él pondrá su **firma** en mi libreta de calificaciones.

sign(2)

A **sign** tells us something that
we should know.
Sometimes a **sign** on the
side of the road
warns a driver there
is danger ahead.
The red **sign** at the
corner says, "Stop."

señal

La **señal** nos dice algo que debemos saber.
A veces una **señal** a un lado del camino le
avisa al chofer que hay peligro más adelante.
La **señal** roja de la esquina dice: "Pare".

silent

The teacher asked the children to be **silent**.
The teacher asked the children **not** to **make noise**.

silencioso (a)

La maestra les pidió a los niños que permanecieran
silenciosos.
La maestra les pidió a los niños que **no hicieran
ruido**.

351

silver

Silver is a metal.
Some knives and
forks are made of **silver**.

plata

La **plata** es un metal.
Algunos cuchillos y tenedores están
hechos de **plata**.

---

similar

The two houses are **similar**.
The two houses **look alike** but they are not exactly
the same.

similar

Las dos casas son **similares**.
Las dos casas **lucen casi iguales**, pero no son
exactamente lo mismo.

---

since
desde

I haven't seen Tom **since** last week.

No he visto a Tomás **desde** la semana pasada.

sing
sings
singing
sang
sung

cantar

Mary likes to **sing**.
Yesterday she **sang** three songs.

A María le gusta **cantar**.
Ayer **cantó** tres canciones.

---

sister

hermana

Betty is Bob's **sister**. Bob is Betty's brother.
They have the same mother and father.

Margarita es la **hermana** de Roberto. Roberto es el hermano de Margarita. Tienen el mismo padre y la misma madre.

---

sit
sits
sitting
sat

sentarse

Bill likes to **sit** in his father's chair.
He **sat** in his father's chair last night.
Bill is **sitting** in his father's chair now.

A Guillermo le gusta **sentarse** en la silla de su padre.
Se sentó en la silla de su padre anoche.
Guillermo está **sentado** en la silla de su padre ahora.

size

What **size** are your shoes?
How big are your shoes?

número

¿Qué **número** son tus zapatos?
¿De qué tamaño son tus zapatos?

---

skate

Tom is learning to roller **skate**.
Tom **skates** almost every day.
He is **skating** on the sidewalk now.
Tom wears a **skate** on each foot.
Some people like to ice **skate**.

patinar

Tomás está aprendiendo a **patinar**.
Tomás **patina** casi todos los días.
Está **patinando** en la acera ahora.
Tomás usa un **patín** en cada pie.
A algunas personas les gusta **patinar** sobre hielo.

---

skin
piel

Your body is covered with **skin**.

Tu cuerpo está cubierto de **piel**.

skip

Ann likes to **skip** the rope.
Ann likes to **jump** over the
rope **lightly and quickly**.
Bill's older brother **skipped** the third
grade in school. His brother **passed
over** the third grade. He was promoted
from the second grade to the fourth grade.

saltar

A Ana le gusta **saltar** a la cuerda.
A Ana le gusta **saltar** a la cuerda **ágil
y rápidamente**. El hermano mayor
de Guillermo **saltó** el tercer grado en la escuela.
Su hermano **no hizo** el tercer grado.
Lo pasaron del segundo al cuarto grado.

skirt

Jane is wearing a **skirt**. The **skirt** is the part of the
dress that hangs from the waist.

falda

Juana usa una **falda**. La **falda** es la pieza de vestir
que cuelga de la cintura.

sky
skies

The **sky** is the space above the earth.
During the day the **sky** is blue.
Clouds float in the **sky**.

cielo

El **cielo** es el espacio sobre la tierra.
El **cielo** es azul durante el día.
Las nubes flotan en el **cielo**.

slant

Some houses have roofs that are flat.
Some houses have roofs that **slant**.
When a roof **slants** it is **not flat**.

inclinar

Algunas casas tienen el techo plano.
Algunas casas tienen techos que se **inclinan**.
Cuando un techo está **inclinado no** es **plano**.

---

slap

You should not **slap** your younger brother.
You should not **hit** him **with your open hand**.

abofetear

No debes **abofetear** a tu hermano menor.
No debes **pegarle con la mano abierta**.

---

sled

Bill and Tom are on the **sled**.
The **sled** is sliding downhill
on the snow.

trineo

Guillermo y Tomás van
sobre un **trineo**.
El **trineo** se desliza cuesta abajo
en la nieve.

sleep
sleeps
sleeping
slept

We **sleep** every night.
When we **sleep,**
we are **not awake**.

dormir

Dormimos todas las noches.
Cuando **dormimos, no estamos despiertos**.

---

sleigh

A horse pulls the **sleigh** over the snow.

trineo

Un caballo tira del **trineo** en la nieve.

---

slice(1)

Would you like a **slice** of bread?
Would you like a **piece** of bread?

rebanada

¿Quisieras una **rebanada** de pan?
¿Quisieras un **trozo** de pan?

slice(2)

My mother will **slice** the bread.
She will **cut** the bread into slices.

rebanar

Mi madre **rebanará** el pan.
Ella lo **cortará** en rebanadas.

---

slide(1)
slides
sliding
slid

Nancy likes to play on the **slide**.

tobogán

A Ana le gusta jugar en el **tobogán**.

---

slide(2)

Watch the girls **slide** down the snowy hill on their sled.

deslizarse

Mira cómo las niñas se **deslizan** por la colina nevada en su trineo.

slip

Be careful on the icy sidewalk or you might **slip**.
Don't let the dish **slip** out of your hand.

resbalar

Sé cuidadoso o te **resbalarás** en la acera helada.
No dejes que el plato se te **resbale** de las manos.

---

slipper

A **slipper** is a low, light shoe.
We wear **slippers** on our feet.

zapatilla

Una **zapatilla** es un **zapato liviano de tacón bajo**.
Usamos **zapatillas** en los pies.

---

slow

Tom is **slow**.
Tom is **not fast**.
Tom is always **behind time**.

lento (a)

Tomás es **lento**.
Tomás **no** es **rápido**.
Tomás está siempre **atrasado**.

sly

The fox is a **sly** animal.
The fox is a **tricky** animal.

tramposo (a)

El zorro es un animal **tramposo**.
El zorro es un animal **taimado**.

---

smart

Ann is **smart**.
Ann is **quick to learn** in school.

inteligente

Ana es **inteligente**.
Ana **aprende con rapidez** en la escuela.

---

smell

We **smell** with our nose.
You can tell with your nose if something **smells** good or bad.
Do you like the **smell** of roses?

oler

Podemos **oler** con la nariz.
Puedes darte cuenta por medio de la nariz si algo **huele** bien o mal.
¿Te gusta el **olor** de las rosas?

smile

Bob has a big **smile** on his face.
He **smiles** when he is happy.

sonreír

Roberto tiene una **sonrisa**
en el rostro.
Sonríe cuando está contento.

---

smoke(1)

It isn't healthy to **smoke**.

fumar

Fumar no es saludable.

---

smoke(2)

Smoke is the **gray cloud that comes from a fire**.

humo

Humo es la **nube gris que origina el fuego**.

smooth

The piece of glass is **smooth**.
The piece of glass is **not bumpy**.

liso (a)

El pedazo de vidrio es **liso**.
El pedazo de vidrio **no tiene irregularidades**.

---

snake

A **snake** is a long, thin animal that crawls on the ground.
Some **snakes** crawl in trees. A **snake** has no legs. Some **snakes**
bite and can hurt you.

serpiente

La **serpiente** es un animal largo y delgado que se arrastra por el suelo. Algunas **serpientes** se arrastran por los árboles. La **serpiente** no tiene patas. Algunas **serpientes** muerden y pueden hacerte daño.

---

sneeze

You should put a handkerchief over your mouth when you **sneeze**.
When you are getting a cold you **sneeze**.
Sometimes pepper will make you **sneeze**.

estornudar

Debes cubrirte la boca con un pañuelo cuando **estornudas**.
Estornudas cuando te estás resfriando.
Algunas veces la pimienta te hace **estornudar**.

snow

When rain freezes it turns to **snow**.
The white **snow** falls lightly to the ground.
Did you ever make a **snowman**?

nieve

Cuando la lluvia se congela se convierte en **nieve**.
La **nieve** blanca cae al suelo suavemente.
¿Hiciste un **muñeco de nieve** alguna vez?

---

snowflake

The **snowflake** is beautiful.

copo de nieve

El **copo de nieve** es hermoso.

---

soap

When we take a bath, we rub **soap** on our body.
The **soap** makes the dirt slide off our skin.

jabón

Cuando nos bañamos,
nos frotamos el cuerpo
con **jabón** .

El **jabón** hace que la piel
se limpie de suciedad.

S

sob

sollozar

Did you hear the baby **sob**?
Did you hear the baby **cry**?
She is **crying softly**.

¿Oíste **sollozar** al bebé?
¿Oíste **llorar** al bebé?
Está **llorando suavemente**.

soft

suave

We sleep on a **soft** pillow.
The pillow is **not hard**.
Jane spoke in
a **soft** voice.
Jane spoke in
a **quiet** voice.

Dormimos sobre una
almohada **suave**.
La almohada **no** es **dura**.
Juana habló con una voz **suave**.
Juana habló con una voz **tranquila**.

soil(1)

suelo

My mother is planting flower seeds in the **soil**.
My mother is planting flower seeds in the **ground**.

Mi madre está plantando semillas de flores en el
suelo.
Mi madre está plantando semillas de flores en la
tierra.

soil(2)

Elaine might **soil** her dress.
Elaine might **get** her dress **dirty**.

mancharse

Elena puede **mancharse** el vestido.
Elena puede **ensuciarse** el vestido.

---

some

There are **some** apples left on the tree.
There are **several** apples left on the tree.

algunos (as)

Quedan **algunas** manzanas en el árbol.
Quedan **varias** manzanas en el árbol.

---

son

The mother and the father have a **son**.
The boy is their **son**.

hijo

La madre y el padre
tienen un **hijo**.
El niño es su **hijo**.

song

Do you know a **song** to sing?
When words and music are put together they make a **song**.
We sang a **song** in school.

canción

¿Sabes cantar una **canción**?
Cuando las palabras y la música se unen, forman una **canción**.
Cantamos una **canción** en la escuela.

---

soon

Grandmother will visit us **soon**.
Grandmother will visit us **in a short time**.

pronto

Abuela nos visitará **pronto**.
Abuela nos visitará **dentro de poco tiempo**.

---

soprano

A **soprano** is a singer.
When a woman sings in a very high voice we say she is a **soprano**.
My mother sings **soprano**.
My mother sings **very high**.

soprano

Una **soprano** es una cantante.
Cuando una mujer canta con una voz muy aguda, decimos que es
una **soprano**.
Mi madre es una **soprano**.
Mi madre canta en un tono **muy agudo**.

sorry

I am **sorry** that Mary is sick.
I **feel sad** that Mary is sick.

lamentar

Lamento que María esté enferma.
Me **siento triste** porque María está enferma.

---

sort

Ann helped her mother **sort** the clothes.
Ann helped her mother **separate** the clothes.

organizar

Ana ayudó a su madre a **organizar** la ropa.
Ana ayudó a su madre a **separar** la ropa.

---

sound

We hear **sounds** with our ears.
The fire truck makes a loud **sound**.

sonido

Oímos los **sonidos** con nuestros oídos.
El camión de los bomberos produce un **sonido** alto.

soup

Do you like **soup**?
Mother makes **soup** by boiling
different things in water.
I had **soup** and a sandwich for lunch.

sopa

¿Te gusta la **sopa**?
Mi madre hace **sopa**
hirviendo diferentes cosas en agua. Me tomé una
sopa y me comí un emparedado en el almuerzo.

sour

The pickles are **sour**. The pickles
are **not sweet**.
Sugar is sweet and lemons are **sour**.

ácido (a)

Los pepinillos son **ácidos**.
Los pepinillos no son **dulces**.
El azúcar es dulce y los limones son **ácidos**.

South

South is a direction.
South is toward the bottom part of the earth.
When you face North, **South** is behind you.

Sur

El **Sur** es una dirección.
El **Sur** está en la parte inferior de la Tierra.
Cuando te paras mirando hacia el Norte, el **Sur** te
queda detrás.

sow

The farmer will **sow** corn in the springtime.
The farmer will **plant** corn in the springtime.

sembrar

El campesino **sembrará** maíz en la primavera.
El campesino **plantará** el maíz en la primavera.

---

space

Is there **space** for one more person in the car?
Is there **room** for one more person in the car?

espacio

¿Hay **espacio** para una persona más en el auto?
¿Hay **sitio** para una persona más en el auto?

---

spade

A **spade** looks like a shovel.
Mother uses a **spade** in her garden.

azadón

Un **azadón** parece una pala.
Mi madre usa un **azadón** en su jardín.

sparrow

A **sparrow** is a small bird. A **sparrow** is brown and gray.

gorrión

Un **gorrión** es un pájaro pequeño. El **gorrión** es pardo y gris.

---

speak
speaks
speaking
spoke
spoken

I will **speak** to Father about my grades.
I will **talk** to Father about my grades.
A dog cannot **speak**. A dog cannot **say words**.

hablar

Hablaré con mi padre acerca de mis notas.
Tendré una charla con mi padre acerca de mis notas.
Un perro no puede **hablar**. Un perro no puede **decir palabras**.

---

spectacle

We went to the show in the park.
It was a **spectacle**. There were **many things to see**.
It was a **very large show**.

espectáculo

Fuimos a una exhibición en el parque.
Aquello fue un **espectáculo**. Había **muchas cosas que ver**.
Fue una **gran demostración**.

speed

Speed is how fast or slow something like a car moves.

velocidad

La **velocidad** es cuán aprisa o cuán despacio algo, como un automóvil, se mueve.

---

spell

Can you **spell** your name?
Can you **put the letters in the right order?**

deletrear

¿Puedes **deletrear** tu nombre?
¿Puedes **colocar las letras
en el orden correcto?**

---

spend
**spends
spending
spent**

I will **spend** ten cents for popcorn.
I will **pay out** ten cents for popcorn.

gastar

Gastaré diez centavos en rosetas de maíz.
Pagaré diez centavos por las rosetas de maíz.

spider

A **spider** is a small animal with eight legs.
A **spider** spins a web.

araña

La **araña** es un animalito que tiene ocho patas.
La **araña** teje su tela.

---

spin

Can you **spin** a top?
Can you **make the top go around and around?**

girar

¿Puedes hacer **girar** un trompo?
¿Puedes **hacer que el trompo gire una y otra vez?**

---

spinach

Spinach is a green vegetable.
Spinach is a green leaf.
Mother cooks **spinach** for dinner.

espinaca

La **espinaca**
es una verdura.
La **espinaca**
es una hoja verde.
Mi madre cocina
espinacas para la cena.

splash
John jumped into the pool and made a big **splash**.

salpicadura
Juan se lanzó a la piscina y causó una **salpicadura** grande.

---

spoil(1)
We try not to **spoil** the baby.

consentir
Tratamos de no **consentir** al bebé.

---

spoil(2)
If you spill water on your picture, you will **spoil** it.
If you spill water on your picture, you will **ruin** it.

arruinar
Si derramas agua en tu cuadro, lo **estropearás**.
Si derramas agua en tu cuadro, lo **arruinarás**.

---

spoil(3)
When milk is left out of the refrigerator too long, it will **spoil**.
The milk will **turn sour**.

deteriorarse
Cuando la leche queda demasiado tiempo fuera del refrigerador, se **deteriora**. Se **pone agria**.

spoon

Mother feeds the baby with a **spoon**. We eat soup with a **spoon**.

cuchara

Mi madre alimenta al bebé con una **cuchara**. Tomamos la sopa con una **cuchara**.

---

sport

Playing baseball is a **sport**. Playing baseball is **fun**. **Sports** are **games**.

deporte

Jugar al béisbol es un **deporte**. Jugar al béisbol es **divertido**. Los **deportes** son **juegos**.

---

spot(1)

Is this a good **spot** to have a picnic?
Is this a good **place** to have a picnic?

sitio

¿Es éste un **sitio** bueno para una merienda campestre? ¿Es éste un **lugar** bueno para una merienda campestre?

spot(2)

The dog has a black **spot** on his ear.
The dog is white but **one small part of his ear is black.**

mancha

El perro tiene una **mancha** negra en la oreja.
El perro es blanco, pero **una pequeña parte de su oreja es negra.**

spray

Tom likes to **spray** the grass with water.
Tom likes to **sprinkle** the grass with water.

salpicar

A Tomás le gusta **salpicar** la hierba con agua.
A Tomás le gusta **regar** la hierba con agua.

spread
spreads
spreading

I **spread** jelly on my bread.
I **covered** my bread with jelly.

untar

Unté el pan con jelea.
Cubrí mi pan con jelea.

spring(1)

Spring is a **season of the year**.
The four seasons of the year are **spring**, summer, autumn and winter.

primavera

La **primavera** es una **estación del año**.
Las cuatro estaciones del año son **primavera**, verano, otoño e invierno.

---

spring(2)

We drank water out of a **spring**.

fuente

Tomamos agua de una **fuente**.

---

square

A **square** has four sides.
All sides of a **square** are the same size.

cuadrado

Un **cuadrado** tiene cuatro lados.
Todos los lados de un **cuadrado** son iguales.

squash
squashes

A **squash** is a vegetable.
A **squash** is good to eat.

calabaza

La **calabaza** es una hortaliza. La **calabaza** es buena para comer.

---

squeeze

Did you ever **squeeze** an orange?
Did you ever **press hard** to get the juice out of an orange?
I hug my father before going to bed.
I put my arms around his neck and **squeeze** him.

apretar

¿Has **apretado** una naranja alguna vez?
¿Has **apretado fuertemente** una naranja para sacarle el jugo?
Yo abrazo a mi padre antes de ir a la cama.
Le echo los brazos al cuello y lo **aprieto**.

---

squid

The **squid** is a slender animal that lives in the sea.
The **squid** has ten arms.
Two of the **squid's** arms are longer than the other eight.

calamar

El **calamar** es un animal delgado que vive en el mar.
El **calamar** tiene diez tentáculos.
Dos de los tentáculos del **calamar** son más largos que los ocho restantes.

stable

A **stable** is a building on a farm.
The farmer keeps his cows and horses in the **stable**.

establo

El **establo** es una construcción en una finca.
El campesino guarda las vacas y los caballos en el **establo**.

---

stairs

Ann is going up the **stairs**.
Ann is going up the **steps**.

escaleras

Ana sube las **escaleras**.
Ana sube los **escalones**.

---

stake

Joe tied his dog to a **stake**.
Joe tied his dog to a **pole** in the ground.

estaca

Pepe ató su perro a una **estaca**.
Pepe ató su perro a un **poste**.

stalk
tallo

Ears of corn grow on a **stalk**.

Las mazorcas de maíz crecen en un **tallo**.

---

stamp

You must put a **stamp** on your letter.
The **stamp** is a small piece of paper that shows that you have paid for sending the letter.

estampilla

Debes ponerle una **estampilla** a tu carta.
La **estampilla** es un pedacito de papel que muestra que has pagado para enviar la carta.

---

star

We see **stars** in the sky at night.
Some of the **stars** are larger than our sun.
The **stars** look very small because they are so far away.

estrellas

De noche, vemos **estrellas** en el cielo.
Algunas **estrellas** son más grandes que nuestro sol.
Las **estrellas** parecen muy pequeñas porque están muy lejos.

start

The show will **start** at eight o'clock.
The show will **begin** at eight o'clock.

comenzar

El espectáculo **comenzará** a las ocho.
El espectáculo **empezará** a las ocho.

---

station

A train stops at the railroad **station**.
A bus stops at the bus **station**.

estación

El tren para en la **estación** ferroviaria.
El ómnibus para en la **estación** de ómnibus.

---

stay

Bill will **stay** home today.
Bill will **not leave** his house.

quedarse

Hoy Guillermo se **quedará** en casa.
Guillermo **no saldrá** de su casa.

steal

A person should not **steal** anything.
A person should not **take something
that does not belong to him**.

robar

Una persona no debe **robar** nada.
Una persona no debe **tomar lo
que no le pertenece**.

---

steam

Have you seen **steam** come out of a tea kettle?
When water boils it makes **steam**.

vapor

¿Has visto el **vapor** que sale de la tetera?
Cuando el agua hierve, crea **vapor**.

---

steep
escarpado (a)

Jack and Jill went up a **steep** hill.

Juan y Julia subieron una loma **escarpada**.

stem

tallo

The apple has a **stem** on it.
The **stem** held the apple to the tree.

La manzana tiene un **tallo**.
El **tallo** sostuvo la manzana
en el árbol.

---

stick(1)

palo

Tom used a **stick** to bat the ball.
The **stick** is a long thin piece of wood.

Tomás usa un **palo** para golpear la pelota.
Un **palo** es un pedazo de madera fino y largo.

---

stick(2)
sticking
stuck

pegar

We **stick** things together with paste.
Please **stick** a stamp on your letter.

Pegamos las cosas con goma.
Por favor, **pega** una estampilla en tu carta.

stiff

I sat too long in the chair and my leg is **stiff**.
It is difficult to bend it.

entumecido (a)

Me senté mucho tiempo en la silla
y mi pierna está **entumecida**.
Me cuesta doblarla.

---

still(1)

Is the baby **still** sleeping?

todavía

¿Está durmiendo **todavía** el bebé?

---

still(2)

The baby is **still**.
The baby is **quiet**.

tranquilo (a)

El bebé está **quieto**.
El bebé está **tranquilo**.

sting
stings
stinging
stung

Jane is afraid the bee will **sting** her.
It hurts when a bee **stings** you.
A **sting** feels like a pin is stuck
in your skin.
Jane was **stung** by a bee once.

picar

Juana tiene miedo de que
la abeja la **pique**.
Cuando te **pica** una abeja, duele.
Una **picadura** duele como
si un alfiler se te hundiera en la piel.
A Juana la **picó** una abeja una vez.

---

stir

I watched Father **stir** the paint.
I watched Father **mix** the paint.
He moved the paint **around and around** with a stick.

revolver

Observaba cómo mi padre **revolvía** la pintura.
Miraba cómo mi padre **mezclaba** la pintura.
Le **daba vueltas** a la pintura con un palito.

---

stocking
media

The **stocking** covers Mary's foot and leg.

La **media** cubre el pie
y la pierna de María.

stomach

When you swallow food, it goes into your **stomach**.
Your food digests in your **stomach**.

estómago

El alimento que tragas va al **estómago**.
La comida se digiere en el **estómago**.

---

stone

piedra

Bill is sitting on a large **stone**.
Bill is sitting on a large **rock**.

Guillermo está sentado
en una **piedra** grande.
Guillermo está sentado
en una **roca** grande.

---

stool

banqueta

A **stool** is a small seat.
The **stool** does not have a back or arms on it.
The farmer sits on a **stool** to milk his cow.

Una **banqueta** es un asiento pequeño.
La **banqueta** no tiene ni respaldo ni
brazos.
El campesino se sienta en una **banqueta**
para ordeñar la vaca.

stop

Fred wished the rain would **stop**.
He wished the rain would **not come down anymore**.
We **stop** at the corner to watch for cars.

parar

Federico quería que la lluvia **parara**.
Él quería que la lluvia **no siguiera cayendo**.
Nos **paramos** en la esquina para poder ver los automóviles.

---

store

We go to a **store** to buy things.
Mother buys food at the grocery **store**.

tienda

Vamos a la **tienda** a comprar cosas.
Mi madre compra la comida en la **tienda** de víveres.

---

stork

The **stork** is a large bird with a long neck and bill.
The **stork** has long legs and can wade in deep water.

cigüeña

La **cigüeña** es un ave grande con el cuello y el pico largos. La **cigüeña** tiene las patas largas y puede andar en aguas profundas.

storm

The children go in the house during a **storm**.
A **storm** is when the rain falls and the wind blows hard. Sometimes there is thunder and lightning with a **storm**.

tormenta

Los niños entran en casa cuando hay **tormenta**.
La **tormenta** ocurre cuando llueve mucho y hay mucho viento. A veces hay truenos y relámpagos durante una **tormenta**.

---

story

The teacher is reading a **story** to the class.
The name of the **story** is *Little Red Riding Hood*.

cuento

La maestra le lee un **cuento** a la clase.
El título del **cuento** es *Caperucita Roja*.

---

stove

Mother cooks food on the **stove**.
Sometimes a different kind of **stove** is used to heat a room.

estufa

Mi madre cocina en la **estufa**.
A veces usamos otra clase de **estufa** para calentar una habitación.

strange
stranger
strangest

John saw a **strange** light in the sky.
The light was **unusual**.
John **had not seen the light before**.

extraño (a)

Juan vio una luz **extraña** en el cielo.
La luz **no** era **usual**.
Juan **no había visto esa luz antes**.

---

strap

A **strap** keeps the watch on Bill's wrist. A **small band of leather** keeps the watch on Bill's wrist. Some shoes have laces and some shoes have **straps**.

correa

Guillermo sujeta el reloj a la muñeca con una **correa**. Una **correíta de cuero** le sujeta el reloj en la muñeca a Guillermo.
Algunas zapatos tienen cordones y otros tienen **correas**.

---

straw(1)

Mary is drinking milk through a **straw**. The **straw** is a paper tube.

popote

María sorbe la leche con un **popote**. El **popote** es un tubo de papel.

straw(2)

The stem that wheat grows on is called a **straw**.
The **straw** is hollow inside.

paja

El tallo del trigo se llama **paja**.
La **paja** es hueca por dentro.

---

stream

Bob is fishing in a **stream** of water.
The **stream** is a small river.

arroyo

Roberto pesca en el **arroyo**.
Un **arroyo** es un río pequeño.

---

street

You should cross the **street** at the corner.

calle

Debes cruzar la **calle** en la esquina.

stretch
estirar

The rubber band will **stretch** if you pull it.

La banda elástica se **estirará** si tiras de ella.

---

strike(1)
golpear

The large boy should not **strike** the small boy.
The large boy should not **hit** the small boy.

El niño mayor no debe **golpear** al más pequeño.
El niño mayor no debe **pegarle** al más pequeño.

---

strike(2)
frotar

You should not **strike** matches.

No debes **frotar** fósforos.

---

string
cuerda

A **string** is a long thin cord. The boy uses a **string** to fly the kite. We tie packages with **string**.
The guitar has six **strings** on it.
The guitar **strings** are made of fine wire.

Una **cuerda** es un cordón largo y delgado. El niño usa una **cuerda** para remontar la cometa.
Atamos paquetes con una **cuerda**.
La guitarra tiene seis **cuerdas**. Las **cuerdas** de la guitarra están hechas de alambre fino.

strip

Jane cut a **strip** of paper from the large piece of paper. She cut a **long, narrow piece** of paper from the large piece of paper.

tira

Juana cortó una **tira** del papel grande. Cortó un **pedazo** de papel **largo y estrecho** de un pedazo de papel más grande.

---

stroll

Do you like to **stroll** through the park?
Do you like to **walk in a slow and relaxed way** through the park?

pasear

¿Te gusta **pasear** por el parque?
¿Te gusta **caminar lenta y descansadamente** por el parque?

strong

Tom is a **strong** person.
He is **not weak**.
Tom can lift heavy things.

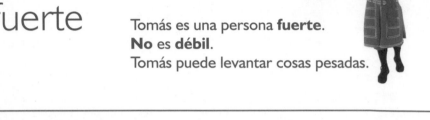

fuerte

Tomás es una persona **fuerte**.
No es **débil**.
Tomás puede levantar cosas pesadas.

study

Did you **study** your lessons from the book?
Did you **read and try to learn** from the book?

estudiar

¿**Estudiaste** las lecciones del libro?
¿**Leíste y trataste de aprender** del libro?

succeed

You must work hard if you want to **succeed**.
You must work hard if you want to **do well**.

triunfar

Debes trabajar duro si quieres **triunfar**.
Debes trabajar duro si quieres **tener éxito**.

such

I have never seen **such** an animal.
I have never seen an animal **like that**.

tal

Nunca he visto **tal** animal.
Nunca he visto un animal **como ése**.

---

suddenly

Suddenly it started to rain.
All at once it started to rain.

repentinamente

Repentinamente comenzó a llover.
De pronto comenzó a llover.

---

sugar

My father puts **sugar** in his coffee to make it sweet.

azúcar

Mi padre pone **azúcar** en su café para endulzarlo.

suit(1)
convenir

Does that dress **suit** Mary?

¿Le **conviene** a María aquel vestido?

suit(2)

Tom is wearing a new **suit**. He is wearing a **coat and pants that match**.

traje

Tomás usa un **traje** nuevo. Él usa un **pantalón y una chaqueta que hacen juego**.

summer

Summer is one of the four seasons in a year.
Summer is the warmest time of the year.

verano

El **verano** es una de las cuatro estaciones del año.
El **verano** es la época más calurosa del año.

sun

The **sun** shines in the daytime.
The **sun** makes things warm.
The **sun** helps make things grow.

sol

El **sol** brilla durante el día.
El **sol** calienta las cosas.
El **sol** ayuda a que las cosas crezcan.

---

supper

Supper is our last meal of the day.
We eat **supper** in the evening.

cena

La **cena** es la última comida del día.
Tomamos la **cena** al anochecer.

---

suppose

So you **suppose** it will rain today?
Do you **think perhaps** it will rain today?

suponer

¿**Supones** que va a llover hoy?
¿**Piensas** que **quizá** llueva hoy?

sure
surer
surest

I am **sure** Joan's new dress is red and white.
I **know** Joan's new dress is red and white.

seguro (a)

Estoy **segura** de que el vestido nuevo de Juana es rojo y blanco. **Sé** que el vestido nuevo de Juana es rojo y blanco.

---

surprise

Mother brought home a gift to **surprise** me.
I **did not expect** a gift. It was a nice **surprise**.

sorpresa

Mi madre me trajo a casa un regalo para **sorprenderme**.
Yo **no esperaba** un regalo. Recibí una agradable **sorpresa**.

---

swallow(1)

You must chew your food before you **swallow** it.
You must chew your food before it **goes down your throat into your stomach**.

tragar

Debes masticar los alimentos antes de **tragarlos**.
Debes masticar los alimentos antes de que **pasen por tu garganta y vayan a tu estómago**.

---

swallow(2)
golondrina

Swallow is the name of a bird.

Golondrina es el nombre de un pájaro.

sweater

Jane's mother knitted her a **sweater**. She made the **sweater** out of yarn. Jane will wear the **sweater** on the upper part of her body to keep warm.

suéter

La madre de Juana le tejió un **suéter**. Ella le hizo el **suéter** de lana. Juana usará el **suéter** en la parte superior de su cuerpo para mantenerse abrigada.

---

sweep
sweeps
sweeping
swept

Mary is helping **sweep** the floor. She is using a broom to **sweep** the dirt and dust up.

barrer

María está ayudando a **barrer** el suelo. Usa una escoba para **barrer** el polvo y la suciedad.

---

sweet

This candy is **sweet**. This candy is **not sour**.

dulce

Este caramelo es **dulce**. Este caramelo **no** es **ácido**.

swell

Tom hit his finger with the hammer and it began to **swell**.
Tom's finger began to **get bigger**.

hinchar

Tomás se golpeó el dedo con un martillo y se le **hinchó**.
El dedo de Tomás empezó a **ponerse más grande**.

---

swift

The water in the river is very **swift**.
The water in the river **moves** very **fast**.

veloz

El agua del río pasa **veloz**.
El agua del río se **mueve** muy **aprisa**.

---

swim
swims
swimming
swam
swum

Mary is learning to **swim**.
Mary is learning to **move her arms and legs and stay on top of the water**.
When she learns to **swim** she won't sink.

nadar

María está aprendiendo a **nadar**.
María está aprendiendo a **mover los brazos y las piernas para poder flotar en el agua**.
Cuando ella aprenda a **nadar**, no se hundirá.

swing

Bill likes to play in the **swing**.
Bill's **swing** hangs from a tree limb.
The **swing** moves back and forth through the air.

columpio

A Guillermo le gusta jugar en el **columpio**.
El **columpio** de Guillermo cuelga de una rama del árbol.
El **columpio** se mece de atrás hacia adelante a través del aire.

---

sword

A **sword** looks like a long knife. A **sword** has sharp edges. A long time ago soldiers wore a **sword** on their side.

espada

Una **espada** parece un cuchillo largo. La **espada** tiene filo. Hace mucho tiempo, los soldados llevaban una **espada** a un costado.

---

syrup

Syrup is a sweet, thick liquid.
Syrup is made with sugar and water or juice.

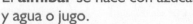

almíbar

El **almíbar** es un líquido dulce y espeso.
El **almíbar** se hace con azúcar y agua o jugo.

table

A **table** is a piece of furniture. We sit at a **table** when we have dinner.
The **table** has a flat top held up by legs.

mesa

Una **mesa** es un mueble. Nos sentamos a la **mesa** cuando cenamos.
La **mesa** tiene una superficie plana apoyada sobre patas.

---

tag

Did you ever play **tag**?
When you play **tag**, you must **tag** another boy or girl.
You must **touch** another boy or girl.

agarrado

¿Jugaste alguna vez al **agarrado**?
Cuando juegas al **agarrado**, debes **agarrar** a un niño o a una niña.
Debes **tocar** a otro niño o a otra niña.

---

tail

When a dog is happy he wags his **tail**. Most animals have a **tail**.
A rabbit has a short **tail**. A cat has a long **tail**.

cola

Cuando un perro está contento, mueve la **cola**. La mayoría de los animales tienen **cola**. El conejo tiene la **cola** corta. El gato tiene la **cola** larga.

tailor

A **tailor** is a person that can sew.
A **tailor** can make new clothes.
A **tailor** can mend clothes that are torn.

sastre

Un **sastre** es una persona que sabe coser.
Un **sastre** puede hacer trajes nuevos.
Un **sastre** puede remendar trajes que están rotos.

---

take
takes
taking
took
taken

Jane will **take** all of her books home.
Bill's father will **take** him to the ball game.
Bill's father will **go with** him to the ball game.

llevar

Juana **llevará** todos sus libros a su casa.
El padre de Guillermo lo **llevará** al juego de pelota.
El padre de Guillermo **irá con** él al juego de pelota.

---

tale

Mother read us a **tale** about the Three Bears.

cuento

Mi madre nos leyó el **cuento** de Los tres osos.

talk

When we **talk**, we say something.
Bill likes to **talk** with Betty.

hablar

Cuando **hablamos**, decimos algo.
A Guillermo le gusta **hablar** con Isabel.

---

tall
taller
tallest

John is **tall**.
Jane is short.
John is **taller** than Jane.

alto (a)

Juan es **alto**.
Juana es bajita.
Juan es **más alto** que Juana.

---

tangle

Sometimes when you sleep your hair will **tangle**.
When your hair is **tangled**, it is hard to comb.

enredar

Algunas veces, cuando duermes, el cabello se te
enreda. Cuando tus cabellos se te **enredan**, es
difícil peinarlos.

tank

A **tank** is a large container used to hold liquid.
Our car has a gas **tank**.

tanque

Un **tanque** es un envase
grande que se usa para guardar líquidos.
Nuestro auto tiene un **tanque** para la gasolina.

---

tap(1)

Did you hear a **tap** on the door?
Did you hear a **light knock** on the door?

toque

¿Oíste el **toque** en la puerta?
¿Oíste un **golpe ligero** en la puerta?

---

tap(2)

Water runs out of the **tap** into the sink.

grifo

El agua se derrama por el **grifo** en la pila.

task
tarea

A **task** is a **special job** we must do.
My **task** is to make my bed each morning.

Una **tarea** es un **trabajo especial** que debemos hacer.
Mi **tarea** es hacer la cama cada mañana.

taste
gusto

I like the **taste** of lemonade.

Me agrada el **gusto** de la limonada.

tea
té

Sometimes my mother makes **tea**.
She pours hot water over dried **tea** leaves.
My mother drinks **tea**. I drink milk.

A veces mi madre hace **té**.
Ella vierte agua caliente sobre hojas secas de **té**.
Mi madre toma **té**.
Yo tomo leche.

teach
teaches
teaching
taught

John will **teach** the dog to roll over.
John will **help** the dog **learn** how to roll over.
John **taught** the dog how to catch a ball in its mouth.

enseñar

Juan le **enseñará** al perro cómo rodar por el piso.
Juan le **ayudará** al perro a **aprender** a rodar por el piso.
Juan le **enseñó** al perro a atrapar la pelota con la boca.

---

teacher

Our **teacher** helps us to learn things.
The **teacher** will teach us how to read.

maestra

Nuestra **maestra** nos ayuda a aprender cosas.
La **maestra** nos enseñará a leer.

---

team

The boys have a baseball **team**.
Mary plays on the basketball **team**.

equipo

Los muchachos tienen un **equipo** de béisbol.
María juega en el **equipo** de baloncesto.

tear(1)
tears
tearing
tore
torn

Ann did not want to **tear** her dress.
Ann did not want to **make a hole** in her dress.
She **tore** her dress on the fence.
The dress is **torn** and she is sorry.

rasgar

Ana no quería **rasgarse** el vestido.
Ana no quería **romperse** el vestido.
Se **rasgó** el vestido con la cerca.
El vestido está **rasgado** y ella lo lamenta.

---

tear(2)

The baby has **tears** on her face.
The **tears** are **small drops of water** that came out of her eyes.

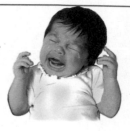

lágrima

El bebé tiene **lágrimas** en la cara.
Las **lágrimas** son pequeñas gotas de agua que brotan de los ojos.

---

teaspoon

A **teaspoon** is a small spoon.
I eat ice cream with a **teaspoon**.

cucharita

Una **cucharita** es una cuchara pequeña.
Tomo helado con una **cucharita**.

tedious
tedioso (a)

This job is **tedious**. This job is **boring**.

Este trabajo es **tedioso**. Este trabajo es **aburrido**.

---

telephone

Jane is talking to Bill over the **telephone**. Jane's voice is going through a wire to Bill's **telephone**.

teléfono

Juana le habla a Guillermo por **teléfono**. La voz de Juana viaja a través de un cable hasta el **teléfono** de Guillermo.

---

tell
tells
telling
told

Bob will not **tell** where he has been. Bob will not **say** where he has been.

contar

Roberto no **contará** dónde ha estado. Roberto no **dirá** dónde ha estado.

ten

Ten is a number.
Betty's older brother is **ten** years old.
When we count to **ten** we say:
1, 2, 3, 4, 5, 6, 7, 8, 9, **10**.

diez

El **diez** es un número.
El hermano mayor de Margarita tiene **diez** años.
Para contar hasta **diez**, decimos:
1, 2, 3, 4, 5, 6, 7, 8, 9, **10**.

---

tender
blando (a)

This meat is **tender**. This meat is **not tough**.

Esta carne está **blanda**. Esta carne **no** está **dura**.

---

tend
atender

Mary **tends** the baby. Mary **takes care** of the baby.

María **atiende** al bebé. María **cuida** al bebé.

tent

Bob and Bill slept in a **tent**.
The **tent** is like a **house made of cloth**.
We saw the circus in a big **tent**.

carpa

Roberto y Guillermo
durmieron en una **carpa**.
La **carpa** es como una
casa hecha de lona.
Vimos el circo en una **carpa** grande.

terrible

We had a **terrible** storm today.
The storm made everyone afraid.
Nancy has a **terrible** cold.
Nancy has a **very bad** cold.

terrible

Hoy tuvimos una tormenta **terrible**.
La tormenta asustó a todo el mundo.
Nancy tiene un catarro **terrible**.
Nancy tiene un catarro **muy malo**.

test

The teacher gave a spelling **test**.

examen

La maestra nos tomó un **examen** de ortografía.

than

John is bigger **than** Jack.
John can run faster **than** Jack.

que

Juan es más alto **que** Jacobo.
Juan puede correr más rápido **que** Jacobo.

---

thank

When someone gives you something you say,
"**Thank** you."
Bill opened the door for the lady.
The lady said, "**Thank** you."

gracias

Cuando alguien te da algo, tú dices: "**Gracias**".
Guillermo le abrió la puerta a la señora.
La señora le dijo: "**Gracias**".

---

that
ése (a), (o)

This is my coat and **that** is your coat.

Éste es mi abrigo y **ése** es el tuyo.

their

The birds are in **their** nest.
The birds are in the nest
that **belongs to them**.
The birds are waiting
for **their** mother.

su

Los pajaritos están en **su** nido.
Los pajaritos están en el nido que **les pertenece**.
Los pajaritos esperan a **su** madre.

---

then

Ann ate her lunch and **then** went to play.
Ann ate her lunch and **afterwards** went to play.

entonces

Ana almorzó y **entonces** se fue a jugar.
Ana almorzó y **después** se fue a jugar.

---

there

Please wait **there** until I return.
Please wait **in that place** until I return.

allí

Por favor, espérame **allí** hasta que regrese.
Por favor, espérame **en ese lugar** hasta que
regrese.

T

they

Betty and Ann and Joe are playing.
They are having fun.
Our team played baseball and **they** won.

ellos (as)

Margarita, Ana y José juegan. **Ellos** se divierten.
Nuestro equipo jugó al béisbol y **ellos** ganaron.

thick

This is a **thick** book.
This book is **not thin**.

grueso (a)

Éste es un libro **grueso**.
Este libro **no** es **delgado**.

thief

A person that takes things that do not
belong to him is called a **thief**.
A **thief** is a person that steals things.

ladrón

La persona que **toma cosas**
que no le pertenecen
es un ladrón.
Un **ladrón** es una **persona**
que roba cosas.

thimble

Mother puts a **thimble** on the end of her finger when she sews. She pushes the needle through the cloth with the **thimble**. The **thimble** keeps the needle from sticking her finger.

dedal

Mi madre usa un **dedal** en la punta del dedo cuando cose. Ella empuja la aguja a través de la tela con el **dedal**. El **dedal** no permite que la aguja le pinche el dedo.

---

thin
thinner
thinnest

When something is **thin** it is **not thick**. A page in this book is **thin**. The book is thick. Caroline is **thin**. She is **not fat**.

delgado (a)

Cuando algo es **delgado**, **no** es **grueso**. La página de este libro es **delgada**. El libro es grueso. Carolina es **delgada**. Ella **no** está **gorda**.

---

thing

John is writing on the sidewalk. That is a bad **thing** to do. The next **thing** he should do is clean the sidewalk.

cosa

Juan está escribiendo en la acera. Ésa es una **cosa** mal hecha. La próxima **cosa** que debería hacer es limpiarla.

T

think

I **think** it will rain today.
I **believe** it will rain today.

pensar

Pienso que hoy lloverá.
Creo que hoy lloverá.

---

this

That book is yours, but **this** book is mine. **This** is my house.
We must go to school **this** morning.

éste (a), (o)

Ese libro es tuyo, pero **este** libro es mío. **Ésta** es mi casa.
Debemos ir a la escuela **esta** mañana.

---

thorns

Thorns grow on some plants.
A rose bush has **thorns** on it.
A **thorn** has a **sharp point that can stick** into your finger.

espina

Algunas plantas tienen **espinas**.
El rosal tiene **espinas**.
La **espina** tiene una **punta afilada que te puede pinchar** el dedo.

those

These flowers are mine but **those** flowers are my mother's.
Those flowers are in Mother's flower garden.

aquellos (as)

Estas flores son mías, pero **aquéllas** son de mi madre.
Aquellas flores están en el jardín de mi madre.

---

though

Jane came to the party even **though** it was late.
It was late but she came anyway.

a pesar de

Juana vino a la fiesta **a pesar de** ser tarde.
Era tarde, pero de cualquier forma vino.

---

thread

Mother sews clothes with **thread**.
Thread is a **very fine string**.

hilo

Mi madre cose la ropa con **hilo**.
El **hilo** es un **cordel muy fino**.

throat

Betty is holding her **throat**.
Betty is holding the **front part of her neck**.
Betty has a sore **throat**.

garganta

Margarita se lleva las manos a la **garganta**.
Margarita se lleva las manos a la **parte delantera del cuello**.
Margarita tiene dolor de **garganta**.

---

throne

A king and queen sit on a **throne**.
The **throne** is a **chair** where the king or queen sits.

trono

El rey y la reina se sientan en el **trono**.
El **trono** es la **silla** donde se sientan el rey y la reina.

---

through

We rode **through** a tunnel in the mountain.
We rode from one side of the mountain to the other side **through** the tunnel.

a través

Condujimos **a través** de un túnel en la montaña.
Condujimos de un lado de la montaña al otro **a través** del túnel.

throw
throws
throwing
threw
thrown

Jack likes to **throw** the basketball.

lanzar

A Juan le gusta **lanzar** la pelota de baloncesto.

---

thunder

Sometimes when it rains we see lightning and hear **thunder**.
The **thunder** makes a loud noise.

trueno

Algunas veces vemos relámpagos y oímos **truenos** cuando llueve.
El **trueno** hace un ruido fuerte.

---

tick
tic-tac

The sound a clock or watch makes is called a **tick**.

El ruido que hace el reloj o el despertador suena así: "**tic-tac**".

tickle
cosquillas

When I go barefoot the grass makes my foot **tickle**.

Cuando voy descalzo, la hierba me hace **cosquillas** en los pies.

---

tidy
tidier
tidiest

Mary keeps her room **tidy**. It is **neat and clean**.
John keeps his room un**tidy**. It is not neat or clean.

aseado (a)

María mantiene su habitación **aseada**. Está **ordenada y limpia**.
Juan **no** mantiene su habitación **aseada**. No está ordenada ni limpia.

---

tie(1)
ties
tying
tied

Bill can **tie** his shoelaces.
Bill knows how to **make a knot** in the shoelace.

atar

Guillermo puede **atarse** los cordones de los zapatos.
Guillermo sabe cómo hacerse un nudo para **abrocharse** los zapatos.

tie(2)
corbata

My father wears a **tie**. The **tie** is made of cloth.

Mi padre usa una **corbata**. La **corbata** está hecha de tela.

---

tiger

tigre

The **tiger** is a wild **animal**.
The **tiger** is a **large cat**.
The **tiger's** fur has black stripes.

El **tigre** es un **animal** salvaje.
El **tigre** es un **gato muy grande**.
La piel del **tigre** tiene rayas negras.

---

till

hasta

Mary slept **till** nine o'clock.

María durmió **hasta** las nueve.

---

time

hora

Can you tell **time**?
Can you look at a clock and tell what **time** it is?

¿Puedes decirme la **hora**?
¿Puedes mirar el reloj
y decirme qué **hora** es?

tin
hojalata

Tin is a **metal**.
Some cans are made of **tin**.

La **hojalata** es un **metal**.
Algunas latas están hechas
de **hojalata**.

---

tiny
tinier
tiniest
pequeñito (a)

A **tiny** bird fell out of the nest. It was **very little**.

Un pájaro **pequeñito** se cayó fuera del nido.

---

tip(1)
volcarse

You shouldn't stand up in the boat. It might **tip** over.
It might **turn** over.

No debes quedar de pie en el bote.
Puede **volcarse**. Puede darse **vuelta**.

tip(2)
punta

The **tip** of the pencil is sharp.

La **punta** del lápiz está afilada.

---

tire

The car has a flat **tire**.
The **tire** is made of rubber.
There is a **tire** on each wheel of a car.

neumático

El auto tiene un **neumático desinflado**.
El **neumático** está hecho de goma.
Hay un **neumático** en cada rueda del auto.

---

tired

Jim worked hard and he is **tired**.
He is **tired** and now he will rest.

cansado (a)

Jaime trabajó mucho y está **cansado**.
Está **cansado** y ahora va a descansar.

title

Do you know the **title** of this book?
Do you know the **name** of this book?

título

¿Sabes el **título** de este libro?
¿Sabes el **nombre** de este libro?

---

toad

A **toad** is an animal that looks like a frog.
A **toad** lives on the land.
The **toad** eats bugs and worms.

sapo

Un **sapo** es un animal que
parece una rana.
Los **sapos** viven en la tierra.
El **sapo** come insectos y gusanos.

---

toast

My mother makes **toast** for breakfast.

tostada

Mi madre hace **tostadas** para el desayuno.

today

Today is Ann's birthday.
This day is Ann's birthday.

hoy

Hoy es el cumpleaños de Ana.
Este día es el cumpleaños de Ana.

---

together

Betty and Jack are sitting **together**.
Betty and Jack are sitting **with each other**.

juntos

Margarita y Juan se sientan **juntos**.
Margarita y Juan se sientan **uno al lado del otro**.

---

tomorrow

We will go on a trip **tomorrow**.
We will go on a trip **the day after this day**.

mañana

Saldremos de viaje **mañana**.
Saldremos de viaje el día **después del día de hoy**.

423

T

tongue

Our **tongue** is in our mouth.
We could not talk if we had
no **tongue**.
Our **tongue** helps us to taste
and eat food.

lengua

La **lengua** está en la boca.
No podríamos hablar si no tuviéramos **lengua**.
La **lengua** nos ayuda a saborear y a comer los alimentos.

---

tonight

We will watch television **tonight**.
We will watch television **after the sun sets**.
We will watch television **this evening**.

esta noche

Vamos a ver televisión **esta noche**.
Vamos a ver televisión **después que se ponga el sol**.
Veremos televisión **después de la una**.

---

too

Mary is riding her bicycle.
Caroline is riding her bicycle **too**.

también

María monta su bicicleta.
Carolina está montando
su bicicleta **también**.

tool

We use a **tool** when we work.
A **tool** helps make the work easier.
A hammer is a **tool**. A saw is a **tool**. A rake is a **tool**.

herramienta

Usamos una **herramienta** cuando trabajamos.
Una **herramienta** te facilita el trabajo.
Un martillo es una **herramienta**. Un serrucho es
una **herramienta**. Un rastrillo es una
herramienta.

---

tooth
teeth

My **tooth** hurts. You should brush your
teeth everyday.

diente

Me duele el **diente**. Debes cepillarte los **dientes**
diariamente.

---

top(1)

The roof is the **top** part of our house.
The roof is the **highest part** of our house.

lo (a) más alto (a)

El techo es **la** parte **más alta** de nuestra casa.
El techo es **la** parte **más elevada** de nuestra casa.

top(2)

John likes to spin a **top**.
The **top** is a toy that spins
around and around.

trompo

A Juan le gusta hacer que el
trompo dé vueltas.
El **trompo** es un juguete que gira y gira.

---

toss

Mary and Bill like to **toss** the ball in the air.
They like to **throw** the ball in the air.

lanzar

A María y a Guillermo les gusta **lanzar** la pelota
al aire.
Les gusta **arrojar** la pelota al aire.

touch

Don't **touch** the dog. He might bite you.
Don't **put your hand against** the dog.

tocar

No **toques** al perro. Podría morderte.
No **pongas tu mano sobre** el perro.

---

tough

This meat is **tough**.
This meat is **not tender**.
This meat is **hard to chew**.

duro (a)

Esta carne está **dura**.
Esta carne **no** está **blanda**.
Esta carne es **difícil de masticar**.

---

toward

Betty is walking **toward** the school.
Betty is walking **in the direction of** the school.
She will be at the school in a short time.

hacia

Margarita camina
hacia la escuela.
Margarita camina
en dirección
a la escuela.
Estará en la escuela
en poco tiempo.

towel

A **towel** is a piece of
cloth or soft paper.
We dry things with a **towel**.
Mother dries dishes with
a dish **towel**.
We have **towels** in the bathroom.

toalla

Una **toalla** es un pedazo de tela o de papel suave.
Secamos las cosas con una **toalla**.
Mi madre seca los platos con una **toalla** especial.
Tenemos **toallas** en el cuarto de baño.

---

toy

Jane has a **toy** watch.
It is **not** a **real** watch.
A **toy** is something to play with.

juguete

Juana tiene un reloj de **juguete**.
No es un reloj de verdad.
Un **juguete** es algo con lo que jugamos.

---

track(1)

The train runs on a railroad **track**.
The **track** is made of two iron rails.

riel

El tren va sobre **rieles**.
Los **rieles** del tren están
hechos de dos barras
de hierro.

track(2)

Animals make **tracks** in the snow.

huella

Los animales dejan **huellas** en la nieve.

---

trade

I will **trade** papers with you.
If you give me your paper I **will give** you my paper.

trocar

Trocaré papeles contigo.
Si me das tu papel, yo te **daré** mi papel.

---

traffic

There is too much **traffic** on this street.
There are too many **cars and trucks that go by**.

tráfico

Hay demasiado **tráfico** en esta calle.
Hay muchos **autos y camiones que pasan por aquí**.

train(1)

Tom is trying to **train** his dog.
Tom is trying to **teach his dog to obey** him.

amaestrar

Tomás está intentando **amaestrar** a su perro.
Tomás está intentando **enseñar a su perro que** le obedezca.

---

train(2)

A row of railroad cars pulled by an engine is called a **train**.

tren

Una hilera de vagones de ferrocarril tirados por una locomotora es un **tren**.

---

tramp(1)

My mother said, "Don't **tramp** in the mud."
My mother said, "Don't **walk** in the mud."

pisar

Mi madre me dijo: "No **pises** el fango".
Mi madre me dijo: "No **camines** por el fango".

tramp(2)

A person that has no home and walks from town to town is called a **tramp**.

vago

De una persona que no tiene casa y que camina de un pueblo a otro se dice que es un **vago**.

---

trap

A **trap** is used to catch animals.
This is a mouse **trap**.
This is a bear **trap**.

trampa

Usamos una **trampa** para atrapar animales.
Ésta es una **trampa** para atrapar ratones.
Ésta es una **trampa** para atrapar osos.

---

travel

When we **travel** we **go from one place to another**.
I like to **travel** in the car. I like to **go** in the car.
Some people **travel** on the train. Some people **travel** on an airplane.

viajar

Cuando **viajamos, vamos de un lado para otro**.
Me gusta **viajar** en automóvil. Me gusta **ir** en el automóvil.
Algunas personas **viajan** en tren. Algunas personas **viajan** en avión.

tray

The waiter brought
our food on a **tray**.

bandeja

El camarero trajo la comida
en una **bandeja**.

treat

You should **treat** your dog well.
You should **act** well **toward** your dog.

tratar

Debes **tratar** bien a tu perro.
Debes **actuar** bien **con** tu perro.

tree

A **tree** is a large plant.
There are many kinds of **trees**.
Some **trees** lose their leaves when the weather
gets cold.
A pine **tree** stays green the whole year.

árbol

Un **árbol** es una planta grande.
Hay muchas clases de **árboles**.
Algunos **árboles** pierden las hojas cuando hace frío.
El **pino** está verde todo el año.

trial

Jim gave his new bike a **trial** to see how it rides.
The teacher gave John another **trial**.
The teacher gave John another **chance**.

prueba

Jaime puso su bicicleta nueva a **prueba** para ver cómo funciona.
El maestro le tomó otra **prueba** a Juana.
El maestro le dio a Juana otra **oportunidad**.

---

tricycle

The **tricycle** has three wheels.
Bill has a bicycle and his younger brother has a **tricycle**.

triciclo

El **triciclo** tiene tres ruedas.
Guillermo tiene una bicicleta y su hermano menor, un **triciclo**.

---

trim

The barber will **trim** my hair.
The barber will **cut a little bit** off my hair.

recortar

El peluquero me **recortará** el cabello.
El peluquero me **cortará un poco** el cabello.

trip(1)

We go on a **trip** every year.
We go on a **journey**
every year.

viaje

Hacemos un **viaje** cada año.

---

trip(2)

Bob **tripped** on the rope and fell.
Bob **caught his foot** on the rope and fell.

tropezar

Roberto **tropezó** con la cuerda y se cayó.
A Roberto se le **quedó el pie atrapado** en la
cuerda y se cayó.

---

trouble

It isn't any **trouble** to bring you the book.
It isn't any **extra work** to bring you the book.

problema

No es ningún **problema** traerte el libro.
No es ningún **trabajo extra** traerte el libro.

trousers
Tom spilled ink on his **trousers**.

pantalones
Tomás se derramó tinta en los **pantalones**.

---

truck
A **truck** is used to carry things in.
There are many different
kinds of **trucks**.
A fire **truck** carries
things to put out a fire.
The dump **truck**
carries dirt and rocks.

camión
El **camión** se usa para llevar cosas.
Hay muchas clases diferentes de **camiones**.
El **camión** de los bomberos lleva cosas para apagar
el fuego.
El **camión** de volteo lleva tierra y rocas.

---

true
truer
truest

The story Mary told was **true**.
The story Mary told was **not false**.
The story was **not a lie**.

verdadero (a)
La historia que contó María era **verdadera**.
La historia que contó María **no** era **falsa**.
La historia **no** era **una mentira**.

trunk(1)

The main stem of a tree is called a **trunk**. The part of a person's body from the top of the legs to the neck is called a **trunk**.

tronco

La parte principal del árbol se llama **tronco**. La parte del cuerpo de una persona que va desde las piernas hasta el cuello, es el **tronco**.

---

trunk(2)

Mother puts clothes in a **trunk**.
The **trunk** is a **large box** with a lid on it.

baúl

Mi madre pone la ropa en un **baúl**.
Un **baúl** es una **caja grande** con tapa.

---

trunk(3)

The elephant's nose is his **trunk**.

trompa

La nariz alargada del elefante se llama **trompa**.

---

trust

Dorothy tells the truth and I **trust** her. Dorothy tells the truth and I **believe** her. You can **trust** a person that is honest.

confiar

Dorotea dice la verdad y yo **confío** en ella. Dorotea dice la verdad y yo **creo** en ella. Puedes **confiar** en una persona que es honesta.

try

Bill will **try** hard to win the race.
Bill will **do his best** to win the race.

tratar

Guillermo **tratará** con todo su empeño de ganar la carrera. Guillermo **hará todo lo que pueda** para ganar la carrera.

---

tube

The hose that we water the grass with is a **tube**.
The pipe that brings water into the house is a **tube**.
Water can go through a **tube**.
Toothpaste comes in a **tube**.
Glue comes in a **tube**.

tubo

La manguera con la que regamos el césped es un **tubo**.
El caño que trae el agua a la casa es un **tubo**.
El agua puede pasar por un **tubo**.
La pasta de dientes viene en un **tubo**.
El pegamento viene en un **tubo**.

---

tulip

A **tulip** is a flower.
The **tulip** has a beautiful, bright color.

tulipán

Un **tulipán** es una flor.
El **tulipán** tiene un color hermoso y brillante.

turkey

A **turkey** is a large bird.
A **turkey** is good to eat.

pavo

El **pavo** es un ave grande.
El **pavo** es delicioso.

---

turn

When you ride a bike the wheels **turn**.
The wheels go **round and round**.
Father will **turn** at the next corner.
Father will **change directions** at the next corner.

dar vuelta

Cuando montas una bicicleta, las ruedas **dan vueltas**.
Las ruedas van **rodando y rodando**.
Mi padre **dará** la **vuelta** en la próxima esquina.
Mi padre **cambiará** de **dirección** en la próxima esquina.

---

turtle

A **turtle** has a shell on its back.
The **turtle** has four legs but walks very slowly.
A **turtle** lives on the land and in the water.

tortuga

La **tortuga** tiene un caparazón en la espalda.
La **tortuga** tiene cuatro patas, pero camina muy despacio.
La **tortuga** vive en la tierra y en el agua.

A **tusk** is a long tooth. An elephant has two **tusks** that stick out of his mouth. Some other animals have **tusks** too.

colmillo

Un **colmillo** es un diente largo. El elefante tiene dos **colmillos** que le salen de la boca. Hay otros animales que también tienen **colmillos**.

---

twin

Bill and Bob are **twins**. Bill and Bob are brothers who were born on the same day.

mellizos

Guillermo y Roberto son **mellizos**. Guillermo y Roberto son hermanos que nacieron el mismo día.

---

twinkle

Stars **twinkle** at night. The stars **sparkle** at night.

centellear

Las estrellas **centellean** en la noche. Las estrellas **resplandecen** por la noche.

---

twist

Twist means to turn something. Did you **twist** the rope?

enrollar

Enrollar significa darle vueltas a algo. ¿**Enrollaste** la soga?

ugly
uglier
ugliest

The witch in the movie was **ugly**.
She was **not nice to look at**.
When the witch spoke she sounded
ugly. She sounded **angry and mean**.

feo(a)

La bruja de la película era **fea**.
No era **agradable mirarla**.
Cuando la bruja habló, su voz sonó muy **fea**.
Ella sonó como una persona **desagradable y mala**.

---

umbrella

Mary is walking in the rain.
She is holding an **umbrella**
over her head. Mary will stay
dry underneath the **umbrella**.

paraguas

María camina en la lluvia.
Sostiene un **paraguas** sobre su cabeza.
María se mantendrá seca debajo del **paraguas**.

---

uncertain

Tom thinks he knows the answer but he is
uncertain. Tom thinks he knows the
answer but he is **not sure**.

inseguro (a)

Tomás piensa que él sabe la respuesta, pero se
siente **inseguro**.
Tomás piensa que él sabe la respuesta, pero **no** está
seguro.

440

uncle

My father's brother is my **uncle**.
My mother's brother is my **uncle**.
My aunt's husband is my **uncle**.

tío

El hermano de mi padre es mi **tío**.
El hermano de mi madre es mi **tío**.
El esposo de mi tía es mi **tío**.

---

under

The cat is asleep **under** the chair.
The cat is asleep **beneath** the chair.

debajo

El gato duerme **debajo** de la silla.
El gato está dormido **bajo** la silla.

---

uneasy

Does a bad storm make you **uneasy**?
Does a bad storm make you **uncomfortable**?
Does a bad storm make you **worry**?

incómodo (a)

¿Una tormenta fuerte te hace sentir **incómodo**?
¿Una tormenta fuerte te hace **sentir mal**?
¿Te **preocupa** cuando hay una tormenta fuerte?

unhappy

The rain made Jack **unhappy**.
The rain made Jack **sad**.
He wanted to go out and play.

infeliz

La lluvia hizo que Juan
se sintiera **infeliz**.
La lluvia puso **triste** a Juan.
Él quería salir a jugar.

---

unkind

Tom was **unkind** to his dog.
Tom was **not kind** to his dog.

malo (a)

Tomás fue **malo** con su perro.
Tomás **no** fue **bueno** con su perro.

---

unless

You need not come with me **unless** you want to.
You need not come with me if you do not want to.

a no ser que

No tienes que venir conmigo, **a no ser que** tú
quieras.
No tienes que venir conmigo si no quieres.

untie

John tied the dog to a tree with a rope. Now he must **untie** the knot. Now he must **open up** the knot and let the dog loose.

desatar

Juan ató el perro al árbol con una cuerda. Ahora él debe **desatar** el nudo. Él debe ahora **desatar** el nudo y dejar que el perro se vaya.

---

upon

We saw the cat **upon** our roof. We saw the cat **on** our roof.

sobre

Vimos al gato **sobre** nuestra azotea. Vimos al gato **en** nuestra azotea.

---

use
usar

We **use** our hand to hold things. We **use** our mind to think with. I **use** a pencil to write with.
Usamos las manos para sostener cosas. **Usamos** la mente para pensar. **Uso** un lápiz para escribir.

---

useful

My raincoat is **useful**. My raincoat keeps me dry. This book is **useful**. This book helps me to learn things. Tools are **useful**. Tools help us to build things.

útil

Mi impermeable es **útil**. Mi impermeable me mantiene seco. Este libro es **útil**. Este libro me ayuda a aprender cosas. Las herramientas son **útiles**. Las herramientas nos ayudan a construir cosas.

vacant

The house next door is **vacant**. The house next door is **empty**.
Next to the **vacant** house is a **vacant** lot.
The **vacant** lot is a piece of land that **does not have a building on it**.

desocupado (a)

La casa de al lado está **desocupada**. La casa de al lado está **vacía**.
Al lado de la casa **desocupada** hay un terreno **vacío**.
Un terreno **vacío** es un pedazo de tierra **sin edificios en él**.

---

vacation

My father will take a **vacation** next summer. My father will **stay away from work** for a while.
Sometimes we take a trip when my father has his **vacation**. We go to the country to **rest**.

vacaciones

Mi padre tomará sus **vacaciones** el próximo verano. Mi padre **se ausentará de su trabajo** por un tiempo. A veces viajamos cuando mi padre está de **vacaciones**. Vamos al campo a **descansar**.

---

valley

A **valley** is the land between hills. A river runs through the **valley**.

valle

Un **valle** es la tierra que está entre lomas. El río corre a través del **valle**.

value

What is the **value** of the bike? What is the **price** of the bike?
How much is the bike **worth**?

valor

¿Qué **valor** tiene la bicicleta? ¿Qué **precio** tiene la bicicleta?
¿Cuánto **vale** la bicicleta?

---

vase

Mother puts flowers in a **vase**.
The **vase** looks like a tall bowl.

jarrón

Mi madre pone flores en un **jarrón**.
El **jarrón** es un recipiente alto.

---

vegetable

A **vegetable** is a plant. We eat **vegetables** with our meat. **Vegetables** are good for your health. Corn, carrots, peas, cabbage and potatoes are **vegetables**.

hortaliza

Una **hortaliza** es una planta. Comemos **hortalizas** con la carne. Las **hortalizas** son buenas para la salud. El maíz, las zanahorias, las arvejas, las coles y las papas son **hortalizas**.

verse

Mary remembers one **verse** of the poem.
Mary remembers **one line** of the poem.

verso

María se acuerda de un **verso** del poema.
María recuerda **una línea** del poema.

---

very

That is a **very** large dog.
That is an **extra** large dog.

muy

Ése es un perro **muy** grande.
Ese perro es **extra** grande.

---

view

The picture shows a beautiful **view** of the mountains.
The picture shows a beautiful **scene** of the mountains.

vista

El cuadro muestra una hermosa **vista** de las montañas.
El cuadro muestra una hermosa **imagen** de las montañas.

village

A small group of houses is called a **village**.
We have one store in our **village**.
A **village** is smaller than a town.

aldea

Un pequeño grupo de casas es una **aldea**.
Tenemos una tienda en nuestra **aldea**.
Una **aldea** es más pequeña que un pueblo.

---

vine

A **vine** is a plant that grows
along the ground or up a wall.
Melons grow on a **vine**.
Pumpkins grow on a **vine**.
Grapes grow on a **vine**.

plantas trepadoras

Las **plantas trepadoras** crecen
en el suelo o trepan por las paredes.
Las sandías nacen de una **planta trepadora**.
Las calabazas nacen de una **planta trepadora**.
Las uvas nacen de una **planta trepadora**.

---

violin

A **violin** is a musical instrument.
John is learning to play the **violin**.

violín

El **violín** es un instrumento musical.
Juan está aprendiendo a tocar el **violín**.

visit

Do you like to **visit** your grandmother?
Do you like to **go and see** your grandmother?

visitar

¿Te gusta **visitar** a tu abuela?
¿Te gusta **ir a ver** a tu abuela?

---

voice

The sound that you make with your throat and mouth is your **voice**.
When we talk we use our **voice**.
Mary likes to sing because she has a good **voice**.

voz

El sonido que haces con la garganta y la boca es tu **voz**.
Cuando hablamos usamos la **voz**.
A María le gusta cantar porque tiene buena **voz**.

---

vote

The boys will select a president for their club.
Each boy will **vote** for the person he wants to be president.
The boy that gets the most **votes** will be president.

votar

Los muchachos elegirán un presidente para su club.
Cada muchacho **votará** por la persona que quiere para que sea presidente.
El muchacho que obtenga la mayoría de los **votos** será el presidente.

wade

Do you like to **wade** in the water?
Do you like to **walk** in the water?

vadear

¿Te gusta **vadear** el agua?
¿Te gusta **caminar** por el agua?

---

wag

See the dog **wag** his tail.
See the dog **move his tail
from side to side**.
The dog **wags** his tail when
he is happy.

menear

Mira cómo **menea** la cola el perro.
Mira cómo el perro **mueve su cola
de un lado a otro**.
El perro **menea** la cola cuando está contento.

---

wagon

John is giving Jane a ride in his **wagon**.
The **wagon** has four wheels and a handle to pull it by.

carro

Juan lleva a Juana en su **carro**.
El **carro** tiene cuatro ruedas y una palanca para
tirar de él.

wait

I will **wait** here until you return.
I will **stay** here until you return.

esperar

Esperaré aquí hasta que vuelvas.
Me **quedaré** aquí hasta que vuelvas.

---

wake

If you make too much noise you will **wake** the baby.
If you make too much noise the baby will **stop sleeping**.

despertar

Si haces mucho ruido, **despertarás** al bebé.
Si haces mucho ruido, el bebé **dejará de dormir**.

---

walk

Some children ride the bus to school.
Some children **walk** to school.
Some children **go on their own two feet**.

caminar

Algunos niños van en ómnibus a la escuela.
Algunos niños **caminan** hasta la escuela.
Algunos niños **van a pie**.

wall

We have a rock **wall** around the yard.
The **wall** keeps the dogs in the yard.
The side of the house is called a **wall**.
I have a picture hanging on the **wall** of my room.

pared

Tenemos una **pared** de piedra que rodea el patio.
La **pared** mantiene a los perros en el patio.
El costado de la casa es la **pared**.
Tengo un cuadro colgado en la **pared** de mi cuarto.

---

want

Do you **want** some of the cake?
Would you **like to have** some of the cake?

querer

¿**Quieres** un pedazo de pastel?
¿Te **gustaría** comer un poco de pastel?

---

warm

The cat likes a glass of **warm** milk.
The milk **isn't hot and it isn't cold**.
The milk is **warm**.

tibio (a)

Al gato le gusta tomar un vaso de leche **tibia**.
La leche **no está caliente ni fría**.
La leche está **tibia**.

warn

The teacher said, "I must **warn** you to be quiet."
The teacher said, "I must **tell you ahead of time to be quiet**."

advertir

La maestra dijo: "Debo **advertirte** que te quedes quieto".
La maestra dijo: "Debo **decirte** que te quedes quieto".

---

wash

Betty is going to **wash** the baby.
Betty is going to **clean** the baby.

lavar

Margarita va a **lavar** al bebé.
Margarita va a **limpiar** al bebé.

---

waste

You should not **waste** food.
You should not **take more than you can eat**.

malgastar

No debes **malgastar** los alimentos.
No debes **tomar más de lo que puedes comer**.

watch(1)

Jane will **watch** the baby for her mother.
Jane will **look after** the baby for her mother.

cuidar

Juana **cuidará** al bebé para su madre.

---

watch(2)
watches

Tom is wearing a new **watch** on his wrist.
The **watch** tells him what time it is.

reloj

Tomás usa un **reloj** de pulsera
nuevo en la muñeca.
El **reloj** le dice qué hora es.

---

water(1)

Water is a liquid.
When we are thirsty we drink **water**.
Most of our earth is covered with **water**.

agua

El **agua** es un líquido.
Tomamos **agua**
cuando tenemos sed.
Casi toda la tierra
está cubierta de **agua**.

water(2)

My father will **water** the lawn today.
My father will **put water on** the lawn today.

regar

Mi padre **regará** el césped hoy.
Mi padre **pondrá agua** en el césped hoy.

---

wave

We saw a large **wave** in the ocean.
The **wave** was like a **mountain of water**.

ola

Vimos una **ola** grande en el océano.
La **ola** era como una **montaña de agua**.

way

You must show me the **way** to your house.
You must show me **how to get to** your house.

camino

Debes mostrarme el **camino** para llegar a tu casa.
Debes mostrarme **cómo llegar a** tu casa.

---

weak

Mary has been sick and she is **weak**.
Mary has been sick and she is **not strong**.

débil

María ha estado enferma y está **débil**.
María ha estado enferma y **no** está **fuerte**.

---

wear
wears
wearing
wore
worn

John likes to **wear** his new suit.
John **is dressed** in his new suit.
John **wore** the suit yesterday.
He put the suit on this morning and he is **wearing** it now.

usar

A Juan le gusta **usar** su traje nuevo. Juan **se puso** su traje nuevo.
Juan **usó** su traje ayer.
Se puso el traje esta mañana y lo **usa** ahora.

weary
wearier
weariest

Mother worked all day and she is **weary**.
Mother worked all day and she is **tired**.

fatigado (a)

Mi madre trabajó todo el día y está **fatigada**.
Mi madre ha trabajado todo el día y está **cansada**.

---

weather

We are having cold **weather** today.
The **air outdoors** is cold.
Yesterday we had warm **weather**.
Sometimes we have rainy **weather**.

tiempo

Hoy el **tiempo** está frío.
El aire **fuera de la casa** está frío.
Ayer el **tiempo** estuvo caluroso.
Algunas veces el **tiempo** está lluvioso.

---

weed

A **weed** is a plant that grows where it isn't wanted.
The **dandelion** is a **weed**.

mala hierba

La **mala hierba** es una planta que crece donde no la queremos. El **diente de león** es una **mala hierba**.

week

There are seven days in a **week**.
The days in a **week** are Sunday, Monday, Tuesday, Wednesday, Thursday, Friday and Saturday. There are fifty-two **weeks** in a year.

semana

Hay siete días en la **semana**.
Los días de la **semana** son: domingo, lunes, martes, miércoles, jueves, viernes y sábado. Hay cincuenta y dos **semanas** en un año.

---

weep
weeps
weeping
wept

Jane hurt her knee and she started to **weep**. Jane hurt her knee and she started to **cry**. She **wept** for a short time.

sollozar

Juana se golpeó la rodilla y empezó a **sollozar**.
Juana se hirió en la rodilla y comenzó a **llorar**. Ella **sollozó** poco tiempo.

---

weigh

We **weigh** ourselves to see **how heavy we are**. Last year I weighed forty pounds. Now I **weigh** fifty pounds.

pesar

Nos **pesamos** para ver **qué peso tenemos**.
El año pasado **pesaba** cuarenta libras.
Ahora **peso** cincuenta libras.

wet
wetter
wettest

Bob was in the rain and his clothes are **wet**.
Bob was in the rain and his clothes are **not dry**.

mojado (a)

Roberto estuvo bajo la lluvia y sus ropas están **mojadas**.
Roberto estuvo bajo la lluvia y sus ropas **no** están **secas**.

whale

The **whale** is a large animal that lives in the sea.
Some **whales** are larger than any other kind of animal.

ballena

La **ballena** es un animal grande que vive en el mar.
Algunas **ballenas** son más grandes que cualquier otra clase de animal.

what

What is that thing in the pond?
Do you know **what** it is?

qué

¿**Qué** es eso que está en el estanque?
¿Sabes **qué** es?

---

wheel

A **wheel** is round.
A bike has two **wheels**.
A wagon has four **wheels**.
When the **wheels** turn the wagon moves.

rueda

La **rueda** es redonda.
La bicicleta tiene dos **ruedas**.
Un carro tiene cuatro **ruedas**.
Cuando las **ruedas** se mueven, el carro avanza.

---

when

When are you going to school?
At what time are you going to school?

cuándo

¿**Cuándo** vas a la escuela?
¿**A qué hora** vas a la escuela?

which
cuál

Which way are you going home?

¿**Cuál** camino tomarás para ir a tu casa?

---

while

You shouldn't watch television **while** you read.
You shouldn't watch television **at the same time** as you read.

mientras

No debes mirar televisión **mientras** lees.
No debes ver televisión **al mismo tiempo** que lees.

---

whip

Jack does not **whip** his dog.
Jack does not **hit** his dog.

azotar

Juan no **azota** a su perro.
Juan no **golpea** a su perro.

whistle(1)

Can you **whistle**?
Can you **blow air through your lips and make a loud sound**?

silbar

¿Puedes **silbar**?
¿Puedes **soplar a través de tus labios y hacer un sonido agudo**?

---

whistle(2)

The policeman at the corner has a **whistle**.
Some trains have a **whistle**.

pito

El policía que está en la esquina tiene un **pito**.
Algunos trenes tienen un **pito**.

---

who

Do you know **who** won the race?
I can tell you **who** he is.

quién

¿Sabes **quién** ganó la carrera?
Puedo decirte **quién** es.

whole

John ate the **whole** pie.
John ate **all** of the pie.
This is a **whole** apple.
This apple is **not cut apart**.

entero (a)

Juan comió el pastel **entero**.
Juan comió **todo** el pastel.
Ésta es una manzana **entera**.
Esta manzana **no** está **cortada en pedazos**.

---

whose

Whose coat is this? Is it yours?

de quién

¿**De quién** es esta chaqueta? ¿Es tuya?

---

why

Do you know **why** the baby is crying?
Do you know **the reason** the baby is crying?

por qué

¿Sabes **por qué** llora el bebé?
¿Conoces la razón **por la que** el bebé llora?

wide
wider
widest

This is a **wide** street.
This street is **not narrow**.

ancho (a)

Ésta es un calle **ancha**.
Esta calle **no** es **estrecha**.

---

wild

The lion is a **wild** animal.
The lion is **not** a **tame** animal.

salvaje

El león es un animal **salvaje**.
El león **no** es un animal **manso**.

---

win
wins
winning
won

Bill and Tom are running a race to the tree.
I think Tom will **win** the race.
I think Tom will **get to the tree first**.

ganar

Guillermo y Tomás están corriendo una carrera hasta el árbol.
Pienso que Tomás **ganará** la carrera.
Creo que Tomás **llegará al árbol primero**.

wind(1)
I **wind** my watch every day.

dar cuerda
Le **doy cuerda** a mi reloj todos los días.

---

wind(2)
The **wind** is blowing hard. The **air** is **moving fast**. When the **wind** moves slowly we call it a breeze. When the **wind** blows very hard we call it a **windstorm**.

viento
El **viento** sopla fuerte. El **aire** se **mueve aprisa**. Cuando el **viento** se mueve despacio lo llamanos "brisa".
Cuando el **viento** sopla muy fuerte le decimos "ráfaga".

---

windmill
The **windmill** pumps water out of the ground. The wind makes the **windmill** turn.

molino de viento
El **molino de viento** saca agua de la tierra.
El viento hace que las paletas del **molino** den vueltas.

window

The **window** is made of glass.
I have two **windows**
in my room.
I can see through the
window. We open
the **window**
to let fresh air in.

ventana

La **ventana** está hecha
de vidrio. Yo tengo dos **ventanas** en mi habitación.
Puedo mirar por la **ventana**.
Abrimos la **ventana** para que entre aire fresco.

---

wing

The **wings** of birds are covered with feathers.
Birds fly with two **wings**.
An airplane has two **wings**.
The **wings** of an airplane
hold it up in the air.
My father built a **wing**
on the house.
My father built **an extra room**
on the house.

ala

Las **alas** de las aves están
cubiertas de plumas.
Las aves vuelan con dos **alas**.
Un avión tiene dos **alas**.
Las **alas** sostienen al avión
en el aire. Mi padre le
construyó otra **ala** a la casa.
Mi padre construyó **una habitación adicional**
en la casa.

465

winsome

Mary is a **winsome** girl.
Mary is a **pretty and pleasant** girl.

atractivo (a)

María es una muchacha **atractiva**.
María es una muchacha **bonita**
y agradable.

---

winter

The four seasons of the year are **winter**, spring, summer and autumn.
Summer is the warm season and **winter** is the cold season. I ride my sled in the **winter**.

invierno

Las cuatro estaciones del año son **invierno**, primavera, verano y otoño.
El verano es la estación cálida y el **invierno** es la más fría. Yo uso mi trineo durante el **invierno**.

---

wipe

After we take a bath, we **wipe** our body with a towel.
We **rub** our body with a towel to dry the water off.

secar

Después que nos bañamos, nos **secamos** el cuerpo con una toalla.
Nos **frotamos** el cuerpo con una toalla para secarnos.

wire

A **wire** is a long **thin piece of metal that will bend**. A **wire** is like a metal rope. Some fences are made of **wire**. When we telephone someone our voices go through the telephone **wire**.

alambre

Un **alambre** es un pedazo de metal largo y delgado que se dobla. Un **alambre** es como una soga de metal. Algunas cercas son de **alambre**. Cuando telefoneamos a alguien, nuestras voces pasan por un **cable** telefónico.

---

wise
**wiser
wisest**

I think father is very **wise**.
I think father is very **smart**.

sabio

Creo que mi padre es muy **sabio**. Pienso que mi padre es muy **inteligente**.

---

wish(1)
wishes

Jane blew the candles out and she made a **wish**. Jane blew the candles out and she **asked for something she wanted most of all**.

deseo

Juana apagó las velas y pidió un **deseo**. Juana sopló las velas y **pidió algo que deseaba más que nada**.

wish(2)

I **wished** that Grandmother would visit us.
I **hoped** that Grandmother would visit us.

desear

Deseé que mi abuela nos visitara.
Esperé que mi abuela nos visitara.

---

witch
witches

The teacher read us a story about a **witch**.
The **witch** was a mean old woman.
The **witch** could do magic tricks.
Witches are not real.
Witches are make-believe.

bruja

El maestro nos leyó un cuento
sobre una **bruja**.
La **bruja** era una vieja mala.
La **bruja** podía hacer
trucos mágicos.
Las **brujas** no son reales. Las **brujas** son imaginarias.

---

with

We live **with** our mother and father. We live **together**.
You see **with** your eyes. You **use** your eyes to see.
John is standing **with** the dog. John is standing **by the side of** the dog.

con

Vivimos **con** nuestra madre y nuestro padre.
Vivimos **juntos**.
Ves **con** los ojos. **Usas** los ojos para ver.
Juan está parado allí **con** el perro. Juan está parado **al lado del** perro.

witness
witnesses

I did not spill the milk. John is my **witness**.
John **saw** exactly **what happened**. The cat spilled the milk.

testigo

Yo no derramé la leche. Juan es mi **testigo**.
Juan **vio** exactamente lo **que pasó**. El gato derramó la leche.

---

wolf
wolves

The **wolf** is a wild animal.
The **wolf** looks like
a large dog.
A **wolf** eats meat.

lobo

El **lobo** es un
animal salvaje.
El **lobo** parece un perro grande.
El **lobo** come carne.

---

woman
women

My mother is a **woman**.
My father is a man.
Mary is a girl. She will grow up
to be a **woman**.

mujer

Mi madre es una **mujer**.
Mi padre es un hombre.
María es una niña.
Ella crecerá hasta hacerse
una **mujer**.

wood

We make things with **wood**.
We cut down trees to get **wood**.
The table is made of **wood**.

madera

Hacemos cosas de **madera**.
Cortamos árboles para
obtener la **madera**.
La mesa es de **madera**.

woods

Sometimes we walk
in the **woods**.
Sometimes we walk
**where many
trees are growing**.

bosque

A veces caminamos
por el **bosque**.
A veces caminamos
por **donde
crecen muchos árboles**.

wool

The hair on a sheep is called **wool**. **Wool** is made
into cloth. **Wool** clothes keep us warm.

lana

Al pelo de la oveja se lo llama **lana**. La **lana** se
emplea para hacer telas. Las telas de **lana** nos
mantienen abrigados.

word

You should learn every **word** in this book. When we talk we say **words**. When we write we write **words**. A **word** is part of a sentence.

palabra

Deberías aprenderte cada **palabra** de este libro. Cuando hablamos, decimos **palabras**. Cuando escribimos, escribimos **palabras**. Una **palabra** es una parte de la oración.

---

work

Jane likes to **work** in the garden. Jane finished her **work** and now she will rest. Bob's new toy does not **work**. Bob's new toy does not **do what it should do**. My father goes to **work** five days a week. My father goes to **his job** five days a week.

trabajar

A Juana le gusta **trabajar** en el jardín. Juana terminó su **trabajo** y ahora va a descansar. El juguete nuevo de Roberto no **funciona**.
El juguete nuevo de Roberto no **hace lo que debería hacer**.
Mi padre **trabaja** cinco días a la semana. Mi padre va a su **empleo** cinco días a la semana.

---

world

All of us live in one **world**. Our earth and sky is our **world**. Our **world** is round.

mundo

Todos vivimos en un **mundo**. La tierra y el cielo son nuestro **mundo**.
Nuestro **mundo** es redondo.

worm

A **worm** is a long, thin animal that crawls. Some **worms** live in the ground and some **worms** live in trees. Birds like to eat **worms**.

gusano

El **gusano** es un animal largo y delgado que se arrastra. Algunos **gusanos** viven en la tierra y otros **gusanos** viven en los árboles. A las aves les gusta comer **gusanos**.

worry

If you don't come home on time, your mother will **worry**. If you don't come home on time, your mother will **think something bad could have happened to you**.

preocuparse

Si no llegas a tu casa a tiempo, tu madre se **preocupará** por ti. Si no llegas a tiempo a casa, tu madre **pensará que algo malo ha podido ocurrirte**.

worse
bad
worst

Jack has been sick. He is **worse** today. Joan sings **worse** that Mary.

peor

Juan estuvo enfermo. Hoy está **peor**. Juana canta **peor** que María.

worth

The book is **worth** one dollar. The book **costs** one dollar.

valer

El libro **vale** un dólar. El libro **cuesta** un dólar.

---

wrap

Before Bill gives Ann the gift, he will **wrap** it.
He will **cover the gift with paper** and tie it with a ribbon.
When Bill gave Ann the gift, she **wrapped** her arms around him.

envolver

Antes que Guillermo le dé el regalo a Ana, lo **envolverá**.
Él **cubrirá el regalo con un papel** y lo atará con una cinta.
Cuando Guillermo le dio a Ana el regalo, ella lo **envolvió** en sus brazos.

---

wring

Caroline has been swimming.
Now she will **wring** out her bathing suit.
She will **twist** the bathing suit until most of the water is out.

exprimir

Carolina ha estado nadando.
Ahora ella **exprimirá** el traje de baño.
Retorcerá el traje de baño hasta que haya soltado casi toda el agua.

write
writes
writing
wrote
written
escribir

John likes to **write** on the blackboard.
John likes to put words and letters on the blackboard.
He **wrote** his name on the blackboard.
John thinks **writing** is fun.
He has **written** all over the blackboard.

A Juan le gusta **escribir** en
la pizarra.
A Juan le gusta poner
palabras y letras en la pizarra.
Él **escribió** su nombre en la pizarra.
Juan piensa que **escribir** es divertido.
Él ha **escrito** por toda la pizarra.

---

wrong

mal

What is **wrong** with the light? It won't turn on.
What is **the matter** with the light?
Jack spelled ten words right and two **wrong**.
Jack spelled ten words right and two **not right**.
It is **wrong** to tell a lie. It is **not the right thing to do.**

¿Qué anda **mal** con la luz? No quiere encenderse.
¿Qué pasa con la luz?
Juan deletreó diez palabras bien y dos **mal**.
Juan deletreó diez palabras bien y dos en forma
incorrecta.
Está **mal** decir mentiras. **No** es **lo correcto**.

x-ray

Sometimes the doctor will take **x-rays** of your body.
The **x-ray** machine is like a camera.
The **x-ray** machine takes pictures through your skin
and into the inside of your body.
The **x-ray** will show if there is anything wrong
with you.

rayos x

A veces el médico tomará **rayos x** de tu cuerpo.
El aparato de tomar **rayos x** es como una cámara.
La máquina de **rayos x** toma fotografías de la parte
interior de tu cuerpo, a través de tu piel.
Los **rayos x** mostrarán si hay algo que anda mal.

---

xylophone

The **xylophone** is a musical instrument.
The **xylophone** has rows of wooden bars
Each bar makes a different sound when it is hit by a
small wooden hammer.

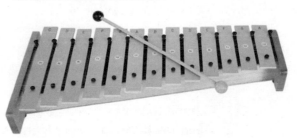

xilófono

El **xilófono** es un instrumento musical.
El **xilófono** tiene una hilera de barras de madera.
Cada barra tiene un sonido diferente cuando se
golpea con un martillito de madera.

yard

The children are playing in the **yard**.
The children are playing on the **ground around the house**.

patio

Los niños juegan en el **patio**.
Los niños están jugando en el **espacio que rodea la casa**.

---

yarn

Yarn is like a heavy string.
Yarn can be made from wool, cotton or silk.
I have a sweater made of **yarn**.

estambre

El **estambre** es un cordel grueso.
El **estambre** puede ser de lana, de algodón o de seda.
Tengo una chaqueta hecha con **estambre**.

---

yawn

When we are sleepy we **yawn**.
We **open our mouth and take a deep breath**.

bostezar

Cuando tenemos sueño, **bostezamos**.
Abrimos la boca y respiramos profundamente.

year

A **year** is a **measure of time**. There are twelve months in a **year**.
Joan's baby sister is one **year** old.
We have a birthday every **year**.

año

El **año** es una **medida de tiempo**. Hay doce meses en un **año**.
La hermanita de Juana tiene un **año**.
Celebramos un cumpleaños cada **año**.

---

yell

You should not **yell** at your sister.
You should not **shout** at your sister.
You should not **cry out loudly** to your sister.

gritar

No debes **gritarle** a tu hermana.
No debes **hablarle en alta voz** a tu hermana.
No debes **levantarle la voz** a tu hermana.

---

yellow

Yellow is a **color**. The banana is **yellow**. A dandelion is **yellow**.

amarillo

El **amarillo** es un **color**. La banana es **amarilla**.
El diente de león es **amarillo**.

yes

When you say "**yes**", it means
you **agree** to something.
When you say "no",
it means you do not agree.

sí

Cuando dices "**sí**", quiere decir que estás **de
acuerdo**.
Cuando dices "no", es que no estás de acuerdo.

---

yet

Bill will be here but he has not **yet** come.
Bill will be here but he has not come **up to now**.
It did not rain but there is **yet** a chance of rain.
It did not rain but there is **still** a chance of rain.
Don't eat your dessert **yet**.
Don't eat your dessert **this soon**.

todavía

Guillermo vendrá, pero no ha llegado **todavía**.
Guillermo estará aquí, pero no ha venido **hasta ahora**.
No ha llovido **todavía**, pero hay esperanzas de que
llueva.
No ha llovido, pero **aún** puede llover.
No te comas el postre **todavía**.
No te comas el postre **tan pronto**.

you

Does this pencil belong to **you**?
You are the person I am speaking to.

tú

¿Este lápiz **te** pertenece?
Tú eres la persona a quien le estoy hablando.

---

young

Mary is too **young** to drink tea.
Mary is **not old** enough to drink tea.

joven

María es muy **joven** para tomar té.
María **no tiene suficiente edad**
como para tomar té.

---

your

Is that **your** dog?

tu

¿Éste es **tu** perro?

zebra

A **zebra** is an animal that lives in Africa.
A **zebra** has dark and white stripes on its body. The **zebra** looks like a small striped horse.

cebra

La **cebra** es un animal que vive en África. La **cebra** tiene rayas oscuras y blancas en el cuerpo. La **cebra** parece un caballito rayado.

zero

Zero means **nothing**. The teacher put a **zero** on Bill's paper. All of Bill's answers were wrong. Father said, "It's almost **zero** outside." Father said, "It's **very, very cold** outside." This is a **zero: 0**.

cero

Cero significa **nada**. El maestro puso un **cero** en el trabajo de Guillermo. Todas las respuestas de Guillermo estaban mal. Mi padre dijo: "La temperatura está casi a **cero** afuera". Mi padre dijo: "Está **muy, pero muy frío** afuera". Esto es un **cero: 0**.

zone

A city is divided into different parts. We call each part a **zone**.

zona

La ciudad está dividida en diferentes barrios. Cada barrio es una **zona**.

zoo

People catch wild animals and put them in the **zoo**. We go to the **zoo** to see the animals.

zoológico

Las personas cazan animales salvajes y los ponen en el **zoológico**. Vamos al **zoológico** a ver los animales.

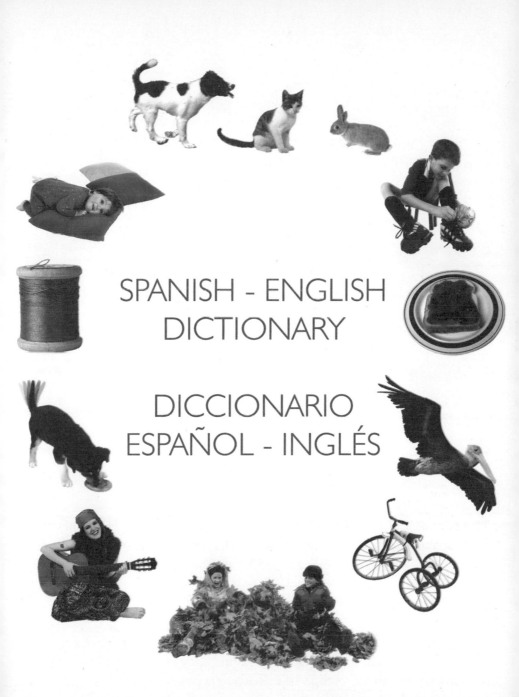

SPANISH - ENGLISH
DICTIONARY

DICCIONARIO
ESPAÑOL - INGLÉS

This section is intended to help you find a Spanish word more quickly. Each Spanish word is followed by an English translation and a number: e.g., **rana   frog, 142**. Look for the English word on the page number given and you will find the Spanish word. For example, look on page 142 under **frog** and you will find **rana**.

Esta sección le ayudará a encontrar más rápidamente la palabra en español. Cada palabra en español va seguida por su traducción en inglés y un número: ej.: **rana   frog, 142**. Busque la palabra en inglés en la página citada y encontrará la palabra en español. Por ejemplo, busque en la página 142 bajo **frog** y hallará **rana**.

a menudo often, 245
a no ser que unless, 442
a pesar de though, 415
a través across, 3
a través through, 416
abeja bee. 28
abierto (a) open, 247
abofetear slap, 356
abotonarse button, 50
abrazo hug, 174
abrigo coat, 72
abril April, 15
abuela grandmother, 153
acampar camp, 53
accidente accident, 2
ácido (a) sour, 368
actuar act, 4
adelante forward, 139
adivinanza riddle, 306
adivinar guess (1), 156
admirar admire, 5
advertir warn, 452
aeropuerto airport, 8
afectuoso (a) fond, 137
afeitar shave, 342

afilada (a) sharp (1), 341
agarrado tag, 400
agarrar seize, 334
agotado (a) exhausted, 116
agradable nice, 237
agradar please (2),275
agua water (1),453
águila eagle, 104
agujero hole, 170
ahogarse drown, 101
ahora now, 240
ahorrar save (1) 323
aire air, 8
al lado beside, 31
a lo largo along,10
ala wing, 465
alabar praise, 282
alambre wire, 467
alarma alarm, 9
alarma de incendios fire alarm, 129
alcanzar reach, 299
aldea village, 447
alegre jolly, 184
alegre merry, 225
alegría joy, 185

algunos (as) some, 365
aliento breath, 44
alimentar feed, 123
alimentar nourish, 240
alimento food, 137
allí there, 411

antiguo ancient, 11
anual annual, 12
añadir add, 4
año year, 477
apagado (a) out (2), 250
apagar quench, 293

almíbar syrup, 399
almohada pillow, 268
almuerzo lunch, 214
alquilar rent, 303
alrededor about (2), 1
alrededor around, 16
alto (a) high, 168
alto (a) loud, 214
alto (a) tall, 402
alumno pupil, 290
amaestrar train (1), 430
amargo (a) bitter, 34
amarillo yellow, 477
ambos (as) both, 40
amigo friend, 142
ampolla blister, 36
ancho (a) wide, 463
anillo ring (2), 308
animal animal, 12
ansioso (a) eager, 104

aparecer appear, 14
aparte apart, 14
aplaudir clap, 68
apoyarse lean (1), 200
aprender learn, 201
apresurarse dash, 87
apresurarse hurry, 175
apresurarse rush, 318
apretar squeeze, 377
apropiado (a) proper, 287
apuntar aim, 7
aquellos (as) those, 415
aquí here, 167
araña spider, 372
arañazo scratch (1), 329
árbol tree, 432
arbusto bush, 49
arco bow, 41
arena sand, 322
armonía harmony, 162

aro hoop, 171
arrastrarse creep, 80
arreglado (a) neat, 234
arreglar fix, 131
arroyo brook, 45
arroyo stream, 389

aumentar magnify, 215 ausente
absent, 2
avena oats, 242
avergonzado (a) ashamed, 17
aves poultry, 281
avión airplane, 8

arruinar spoil (2), 373
arte art, 17
asa handle, 159
asar roast, 310
aseado (a) tidy, 418
asiento seat, 332
áspero (a) rough (2), 314
asta pole (1), 278
asustar frighten, 142
asustar scare, 325
atar lace (1), 193
atar tie (1) 418
atardecer evening, 113
atender tend, 408
aterrizar land (2), 196
atractivo (a) winsome, 466
atrapar catch, 58
atreverse dare, 86
aula schoolroom, 327
aumentar increase, 179

avión plane (2), 272
ayudar help, 166
azadón spade, 369
azotar whip, 460
azúcar sugar, 393
azul blue, 37
bailar dance, 85
bailarina ballerina, 21
bajo (a) low, 214
balancín seesaw, 334
balanza scale (1), 324
ballena whale, 458
banco bank, 22
banda band, 22
bandeja tray, 432
bandera flag, 132
banqueta stool, 385
bañadera bathtub, 26
baño bath, 25
barato (a) cheap, 62

barbilla chin, 65
barra bar, 23
barrer sweep, 397
barril barrel, 24
bastón cane, 54
baúl trunk (2), 436
baya berry, 31
bebé baby, 20
beber drink, 99
béisbol baseball, 25
bellota acorn, 3
beso kiss, 190
biblioteca library, 204
biografía biography, 33
blando (a) tender, 408
bloc pad, 253
boca mouth, 230
boca de riego hydrant, 176

bolsa bag, 20
bolso purse, 290
bolsillo pocket, 276
bombero fireman, 130
bombilla bulb, 47
bonito (a) pretty, 284
borde lip (2), 209
bosque woods, 470
bostezar yawn, 476
bota boot, 39
bote boat, 38
botella bottle, 40
botón bud, 46
bravo (a) rough (1), 314
brazo arm, 16
brillar shine (1), 345
brisa breeze, 44
bruja witch, 468
buen (a) good, 151
bufanda scarf, 325
bulbo bulb, 47
buque ship, 346
burro donkey, 97
buscar look (1), 212
caballito pony, 279
caballo horse, 172
cabaña cottage, 77
cabecear nod, 237
cabello hair, 158
cabeza head, 163
cabra goat, 150
cachorro puppy, 290

cada each, 104
cada every, 113
cadena chain, 59
caer fall, 119
caja box, 42
caja chest (1), 63
calabaza pumpkin, 289
calabaza squash, 377
calamar squid, 377
calentar heat, 164
caliente hot, 173
callar hush, 176
calle street, 389
cama bed, 28
cambiar change, 61
cambiar exchange, 115
caminar walk, 450
camino road, 310
camino way, 455
camión truck, 435
camisa shirt, 346
campana bell, 29
campesino farmer, 121
canción song, 366
canción de cuna lullaby, 214
canoa canoe, 55
cansado (a) tired, 421
cantar sing, 353
cántaro pitcher, 270
caña pole (2), 278
capa cape, 55
capaz able, 1

capaz capable, 53
cara face, 117
carbón coal, 72
cárcel jail, 183
carga load (1), 211
cargar carry, 57
cargar load (2), 211
cariñoso (a) kind (1), 189
carne meat, 223
carpa tent, 409
carrera race, 295
carril rail (2), 296
carro wagon, 449
carta letter (1), 203
cartero postman, 280
casa home, 170
casarse marry, 219
cáscara shell, 344
casi almost, 10
castillo castle, 57

cazuela pot, 281
cebra zebra, 480
cena supper, 395
centellear twinkle, 439
centro center, 59
cepillo plane (1), 272
cerca fence, 125
cerca near, 234
cerca rail (1), 296
cereza cherry, 63
cero zero, 480
cerrar close, 70
cerrar shut, 349
césped lawn, 198
ciego (a) blind, 35
cielo sky, 355
cierto (a) certain, 59
cigüeña stork, 386
cinco five, 131
cinta ribbon, 305
cinturón belt, 30
circo circus, 67
círculo circle, 66
círculo ring (1), 307
ciudad city, 67
ciudadano citizen, 67

claro (a) clear, 69
claro (a) light, (3), 207
clase kind (2), 189
cobertizo shed (1), 342
coche car, 56
cocina kitchen, 190
cocinar cook, 75
cojín cushion, 84
cola tail, 400
colgar hang, 160
colmena hive, 169
colmillo tusk, 439
colocar place (2), 270
colocar set (1), 337
columpio swing, 399
comenzar begin, 28
comenzar start, 380
comer eat, 107
cometa kite, 190
comida meal, 221
cómo how, 174
cómoda dresser, 99
compartir share, 341
comprar buy, 51
con with, 468
concentrar concentrate, 74

concordar agree, 7
conducir drive, 100
conejito bunny, 48
conejo rabbit, 295
conferencia lecture, 202
confiar trust, 436
congelar freeze, 141
cono cone, 75
conocer know (2), 192
consejo advice, 5
consentir spoil (1), 373
construir build, 46
contar count, 78
contar tell, 407
contento (a) glad, 148
contestación reply, 303
contestar answer, 13
contra against, 6
convenir suit (1), 394
copiar copy, 76
copo de nieve snowflake, 363
corazón heart, 164
corbata tie (2), 419
cordero lamb, 195
corneta horn (1), 171
corona crown, 81

cuarto quarter, 292
correa strap, 388
correcto right (2), 307
correo mail, 216
correr run, 318
cortar cut, 84
corteza bark (2), 24
cortina shade (1), 339
cosa thing, 413
coser sew, 338
cosquillas tickle, 418
costa coast, 72
costar cost, 77
crecer grow, 155
creer believe, 29
crema cream, 80
crayón crayon, 80
criar raise (2), 298
criticar criticize, 81
cruel cruel, 82
cruzar cross, 81
cuadrado square, 376
cuál which, 460
cualquier any, 14
cualquiera either, 108
cuándo when, 459

cuatro four, 140
cubo block, 36
cubo bucket, 46
cubo pail, 254
cubrir cover, 78
cuchara spoon, 374
cucharita teaspoon, 406
cuchillo knife, 191
cuello neck, 234
cuenta bill, 33
cuentas beads, 26
cuento story, 387
cuento tale, 401
cuerda string, 390
cuerno horn (2), 172
cuerpo body, 38
cuervo raven, 299
cueva cave, 58
cuidadoso (a) careful, 56
cuidar keep, 187
cuidar mind, 226
cuidar watch (1), 453
culpa fault, 122
culpar blame, 35
cumpleaños birthday, 34
cuna cradle, 79
curar cure, 83
curva curved, 83
chaparrón shower, 349
chaqueta jacket, 183
chico fellow, 125
chiste joke, 184
dama lady, 194
dañar harm, 161
dar give, 148

dar cuerda wind, 464
dar vuelta turn, 438
de quién whose, 462
debajo beneath, 31
debajo under, 441
deber must, 232
deber owe, 252
débil weak, 455
decidir decide, 88
decir say, 324
decolorar fade, 118
dedal thimble, 413
dedo finger, 128
definitivo (a) definite, 89
dejar quit, 294
dejar caer drop (1), 100
delantal apron, 15
delante ahead, 7
deleitar delight, 89
deletrear spell, 371
delgado (a) thin, 413
dentista dentist, 90
dentro inside, 180
dentro into, 181
deporte sport, 374
derecho (a) right (1), 307
derretir melt, 224
desafío challenge, 60
desaparecer disappear, 95
desatar untie, 443
descalzo (a) bare, 23
descansar rest, 304
descortés impolite, 178
describir describe, 91
desde since, 352

desear wish (2), 468
deseo wish (1), 467
desfigurar mark (2), 218
desfile parade, 258
desierto desert, 91
desigual rough (3), 314
deslizarse slide (2), 358
desocupado (a) vacant, 444
despertar wake, 450
despierto (a) awake, 19
después after (2), 6
destellar flash, 133
destruir destroy, 92
deteriorarse spoil (3), 373
detrás after (1), 5
detrás behind, 29
devolver return, 305
día day, 87
diamante diamond, 93
diccionario dictionary, 93
diente tooth, 425
diez ten, 408
diferente different, 94
dimensión dimension, 94
dinero money, 228
dirección address, 4
dirección direction, 94
director principal, 286
dirigir lead (1), 199
disfrutar enjoy, 111
distancia distance, 96
dividir divide, 96
doblar bend, 30
doblar fold, 136
dolor ache, 3

dolor pain, 254
dormido (a) asleep, 18
dormir sleep, 357
dromedario dromedary, 100
ducha shower, 349
dueño master, 221
dulce sweet, 397
durante during, 102
duro (a) hard, 161
duro (a) tough, 427
echar llave lock, 212
echarse lie (2), 205
eclipse eclipse, 107
edad age, 7
educado (a) polite, 279
eléctrico (a) electric, 109
elefante elephant, 109
elevador elevator, 109
ella she, 342
ellos (as) they, 412
emocionarse excite, 115
empacar pack, 253
emparedado sandwich, 322
empatar even, 113
empollar hatch, 162
empujar push, 291
en lugar de instead, 181

enano dwarf, 103
encía gum, 157
encima above, 2
encima over (2), 251
encontrar find, 128
encontrarse meet, 223
enemigo enemy, 110
enfermera nurse, 241
enfermo (a) ill, 178
enfermo (a) sick, 350
enredar tangle, 402
enrollar twist, 439
ensalada salad, 320
enseña teach, 405
entero (a) whole, 462
enterrar bury, 49
entonces then, 411
entrada admission, 5
entrada doorway, 98
entre among, 11
entre between, 32
entregar deliver, 89
entumecido (a) stiff, 383
enviar send, 336
envolver wrap, 473
época period (2), 264

equipo team, 405
equivocación mistake, 227
escalera ladder, 194
escaleras stairs, 378
escama scale (2), 325
escapar escape, 112
escarpado (a) steep, 381
escena scene (2), 326
escoger choose, 66
escoger pick, 265
esconder hide, 167
escribir write, 474
escuchar listen, 210
escuela school, 327
ése (a), (o) that, 410
esencial essential, 112
esforzarse endeavor, 110
espacio space, 369
espada sword, 399
esparcir scatter, 326
espectáculo play (2), 274
espectáculo spectacle, 370
esperar expect, 116
esperar wait, 450
espina thorn, 414
espinaca spinach, 372
esquina corner, 76

esta noche tonight, 424
establo barn, 24
establo stable, 378
estaca stake, 378
estación season, 332
estación station, 380
estacionar park (2), 259
estambre yarn, 476
estampilla stamp, 379
estanque pond, 279
estante shelf, 344
Este East, 106
éste (a), (o) this, 414
estirar stretch, 390
estómago stomach, 385
estornudar sneeze, 362
estrechar shake (2), 340
estrecho (a) narrow, 234
estrellas star, 379
estudiar study, 392
estufa furnace, 143
estufa stove, 387
examen quiz, 294
examen test, 409
excepto except, 114
excusar excuse, 115
exigir demand, 90

exprimir wring, 473
extraño (a) strange, 388
fábrica factory, 117
fácil easy, 106
falda skirt, 355
fallar fail, 118
falso (a) false, 119
familia family, 120
fatigado (a) fatigued, 122
fatigado (a) weary, 456
fecha date, 87
feliz happy, 160
feo (a) ugly, 440
feroz fierce, 126
ficticio (a) fictitious, 126
fiesta party, 260
fila file, 127
finalmente finally, 127
finca farm, 121
fingir feign, 124
fino (a) fine, 128
firmar sign (1), 351
flamenco flamingo, 132
flor flower, 135
flotar float, 133
fluir flow, 134

foca seal, 331
follaje foliage, 136
fondo bottom, 40
forma shape, 340
fósforo match (2), 220
fregar scrub, 331
freír fry, 143
frente forehead, 138
fresco (a) cool, 75
fresco (a) fresh, 141
frijoles beans, 26
frío (a) cold, 73
frotar rub, 316
frotar strike (2), 390
fruta fruit, 142
fuego fire, 129
fuente spring (2), 376
fuera off, 245
fuera out (1), 249
fuerte strong, 392
fumar smoke (1), 361
funcionar function, 143
funcionar go (2), 150
gallina hen, 166
gallo rooster, 313

ganar earn, 105
ganar gain, 144
ganar win, 463
ganso goose, 151
garaje garage, 144
garantizar guarantee, 155
garganta throat, 416
garra claw, 68
gasolina gasoline, 145
gastar spend, 371
gatear crawl, 79
gatito kitten, 191
gato cat, 58
gente people, 264
gigante giant, 146
gigantesco (a) huge, 174
girar spin, 372
globo balloon, 22
glotón greedy, 154
gobernar rule (1), 317
golondrina swallow (2), 396
golpear beat, 27
golpear hit, 169
golpear knock, 192
golpear pound, 281
golpear strike (1), 390

goma rubber, 316
gordo (a) fat, 121
gorila gorilla, 152
gorra cap, 55
gorrión sparrow, 370
gota drop (2), 101
gracias thank, 410
gracioso (a) cute, 84
grado grade, 152
grande great, 154
grande big, 32
grande large, 196
grano grain, 152
gratis free (1), 140
grifo tap (2), 403
gritar scream, 330
gritar shout, 348
gritar yell, 477
grueso (a) plump, 276
grueso (a) thick, 412
grupo group, 155
guante glove, 149
guapo (a) handsome, 159
guiar guide, 157
guirnalda garland, 145
gusano worm, 472

gustar like, 207
gusto taste, 404
habitación room (1), 312
habitar dwell, 103
hablar speak, 370
hablar talk, 402
hacer make, 216
hacer ejercicio exercise, 116
hacha ax, 19
hacia toward, 427
hada fairy, 119
hambriento hungry, 175
harina flour, 134
hasta till, 419
hecho fact, 117
hemisferio hemisphere, 166
heno hay, 163
hermana sister, 353
hermano brother, 45
hermoso (a) beautiful, 27
herramienta tool, 425
hielo ice, 177
hierba grass, 153
hierro iron (1), 182
hijo son, 365
hilera row (1), 315
hilo thread, 415
hinchar swell, 398
hoja leaf, 200
hoja sheet (1), 343
hojalata tin, 420
hombre man, 217
hondo (a) deep, 88
honestamente fair, 118

honrado (a) honest, 170
hora hour, 173
hora time, 419
hormiga ant, 13
hornear bake, 21
horno oven, 250
hortaliza vegetable, 445
hospital hospital, 173
hoy today, 423
huella track (2) 429
hueso bone, 39
huésped guest, 156
huevo egg, 108
humo smoke (2), 361
idea idea, 177
idéntico (a) indentical, 177
iglú igloo, 178
igual same (1), 321
igualar match (1), 220
impermeable raincoat, 297
inclinar slant, 356
incómodo (a) uneasy, 441
infeliz unhappy, 442
inflamable inflammable, 179
informe report, 304
insecto insect, 180
inseguro (a) uncertain, 440
inteligente bright, 45
inteligente smart, 360
invierno winter, 466
invitar invite, 181
ir go (1), 150
isla island, 182
itinerario schedule, 327

izquierdo (a) left, 202
jabón soap, 363
jactancioso braggart, 42
jactarse boast, 38
jadear pant, 257
jardín garden, 145
jarrón vase, 445
jaula cage, 52
jirafa giraffe, 147
joroba hump, 175
joven young, 479
juego game, 144
juego set (2), 338
jugar play (1) 274
jugo juice, 185
juguete toy, 428
juntos together, 423
justamente just (1), 186
justo (a) just (2), 186
juzgar judge, 185
kayac kayak, 187
labio lip, 209
laboratorio laboratory, 193
lado side, 350
ladrar bark (1), 23
ladrón thief, 412
lago lake, 194
lágrima tear (2), 406
lamentar sorry, 367
lamer lick, 204
lámina picture (2), 266
lámpara lamp, 195
lana wool, 470
lanzar throw, 417

lanzar toss, 426
lápiz pencil, 263
lastimar hurt, 176
lavar wash, 452
lazo lace (2), 193
leche milk, 226
lechería dairy, 85
lechuza owl, 252
leer read, 299
lejos far, 120
lengua tongue, 424
lento (a) slow, 359
león lion, 208
letra letter (2), 203
levantar lift, 206
levantar raise (1), 297
ley law, 198
liberar free (2), 141
libro book, 39
liebre hare, 161
limón lemon, 202
limpiar clean, 68
línea line, 208
linterna lantern, 196

liso (a) flat, 133
liso (a) smooth, 362
lista list, 209
listo (a) ready, 300
liviano (a) light (2), 206
lobo wolf, 469
loco (a) mad, 215
locomotora engine, 111
loma hill, 168
lo (a) más alto (a) top (1), 425
lugar room (2), 313
luna moon, 229
lustrar shine (2), 345
luz light (1), 206
llama flame, 132
llamar call, 53
llano plain (2), 271
llanura field, 126
llave key, 188
llegar arrive, 16
llenar fill, 127
llevar take, 401
llorar cry, 82
llover rain, 297
madera wood, 470
madre mother, 229
madriguera den, 90
maduro (a) ripe , 309
maestra teacher, 405
magia magic, 215
magro (a) lean (2), 200
maíz corn, 76

mal wrong, 474
maleta case, 57
malgastar waste, 452
malhumorado (a) mean (3), 222
mala hierba weed, 456
malo (a) bad, 20
malo (a) unkind, 442
mañana tomorrow, 423
mancha spot (2), 375
mancharse soil (2), 365
manguera hose, 172
mano hand, 158
mantequilla butter, 50
manual primer, 285
manzana apple, 15
mapa map, 217
mapache raccoon, 295
mar sea, 331
marchar march, 218
marinero sailor, 320
mariposa butterfly, 50
marzo March, 218
más more, 229
más allá beyond, 32
más de over (4), 251

masticar chew, 64
matar kill, 188
mecer rock (2), 311
media stocking, 384
médico doctor, 96
medio middle, 225
mediodía noon, 238
medir measure, 223
mejilla cheek, 62
mellizo twin, 439
melón melon, 224
memorizar memorize, 225
menear wag, 449
menos less, 203
mentir lie (1), 205
mercado market, 219
merecer deserve, 91
merienda campestre picnic, 266
mermelada jam, 183
mesa table, 400
meseta plateau, 273
mezclar mix, 227
mientras while, 460

migajas crumbs, 82
mí mismo myself, 232
mina mine (2), 227
mío (a) mine (1), 226
mirar look (3), 213
mismo (a) same (2), 322
mitad half, 158
modales manners, 217
modelo pattern, 262
mojado (a) wet, 458
molestar bother, 40
molino de viento windmill, 464
mono monkey, 228
monstruoso (a) monstrous, 228
montaña mountain, 230
montar ride, 306
morder bite, 34
morir die, 93
mosca fly (2), 135
mostrar show, 349
mover (se) move, 231
muchos (as) many, 217
mudar shed (2), 343
mueble furniture, 143
mujer woman, 469

mundo world, 471
murciélago bat, 25
música music, 231
muy quite, 294
muy very, 446
nacer born, 39
nada nothing, 239
nadar swim, 398
narrar narrate, 233
necesitar need, 235
neumático tire, 421
nido nest, 235
nieve snow, 363
ninguno (a) none, 238
niña girl, 147
niño boy, 42
niveladora bulldozer, 47
nombre name, 233
Norte North, 239
nota mark (1), 218
nota note, 239
notar notice, 240
nube cloud, 71
nuestro (a) our, 249
nueve nine, 237

nuevo (a) new, 236
nuez nut, 241
número number, 241
número size, 354
nunca never, 236
ñu gnu, 149
obedecer obey, 242
objeto object (1), 243
oblongo (a) oblong, 243
océano ocean, 244
ocho eight, 108
ocupado (a) busy, 50
odiar hate, 162
oficina office, 245
oído ear, 105
oír hear, 164
ojo eye, 116
ola wave, 454
oler smell, 360
olvidar forget, 138
ómnibus bus, 49
oponerse object (2), 243
oración sentence, 336
orangután orangutan, 248
orden order, 248

organizar sort, 367
órgano organ, 248
orgulloso (a) proud, 288
orilla edge, 107
orilla shore, 347
oro gold, 151
oscuro (a) dark, 86
oso bear, 27
otoño autumn, 18
otra vez again, 6
otro (a) another, 13
otro (a) other, 249
oveja sheep, 343
padre father, 122
padres parent, 259
pagar pay, 262
página page, 254
paja straw (2), 389
pájaro bird, 33
pala shovel, 348
palabra word, 471
palacio palace, 255
pálido (a) pale, 256
palma palm, 256
palmada pat, 261

palo stick (a) 382
pan bread, 43
pantalones trousers, 435
pantalla screen, 330
pañuelo handkerchief, 159
papá dad, 85
papel paper, 257

patinar skate, 354
patineta scooter, 328
patio yard, 476
pato duck, 102
pavo turkey, 438
payaso clown, 71
pecera aquarium, 15

paquete package, 253
paquete parcel, 259
par pair, 255
paracaídas parachute, 258
paraguas umbrella, 440
parar stop, 386
parecer seem, 333
pared wall, 451
parque park (1), 259
parte part, 260
partir leave, 201
pasado past, 261
pasar pass, 260
pasear stroll, 391
pastel cake, 52
pastel pie, 267
pata paw, 262
patear kick, 188

pecho chest (2), 64
pedacito chip, 65
pedazo piece, 267
pedir ask, 17
pegar stick (2), 382
peine comb, 74
pelícano pelican, 263
peligro danger, 86
pelota ball, 21
pensamiento pansy, 257
pensar think, 414
peor worse, 472
pequeñito (a) tiny, 420
pequeño (a) little, 210
pequeño (a) short, 348
perder lose, 213
perdonar forgive, 139
peregrino pilgrim, 268

perezoso (a) lazy, 199
permitir allow, 9
perro dog, 97
perseguir chase, 61
perseguir pursue, 291
persona person, 265
pertenecer belong, 30
pesado (a) heavy, 165
pesar weigh, 457
petirrojo robin, 311
pez fish, 130
piano piano, 265
picar sting, 384
pie foot, 137
piedra stone, 385
piel skin, 354
pies feet, 124
pila pile, 267
piloto pilot, 268

plancha iron (2), 182
planear plan (1), 271
plano plan (2), 272
plantar plant, 273
plantas trepadoras vine, 447
plata silver, 352
plato plate, 273
plomo lead (2), 199
pluma feather, 123
pluma pen, 263
plumaje plumage, 276
pocos (as) few, 125
poder can, 54
poema poem, 277
policía policeman, 278
polvo dust, 103
pollo chicken, 64
poner lay, 198
poner put, 291

pino pine, 269
pintar paint, 255
pipa pipe (2), 269
pisar tramp (1), 430
piso floor, 134
plto whistle (2), 461
pizarra blackboard, 35

porche porch, 280
popote straw (1), 388
por favor please (1), 275
por qué why, 462
porra club, 71
poseer own, 252
posibilidad chance, 61

posible possible, 280
potrillo colt, 73
practicar practice, 282
precio price, 284
precioso (a) precious, 283
pregunta question, 293
premio prize, 286
preocuparse worry, 472
preparar prepare, 283
presente present, 283
pretender mean (2), 222
pretender pretend, 284
primavera spring (1), 376
primer first, 130
princesa princess, 285
principal main, 216
príncipe prince, 285
problema trouble, 434
prometer promise, 286
promover promote, 287
pronto prompt, 287
pronto soon, 366
proteger protect, 288
próximo next, 236
prueba trial, 433
pudín pudding, 288
puente bridge, 44
puerta door, 97

punta point, 277
punta tip (2), 421
punto dot, 98
punto final period (1), 264
puntual punctual, 289
pupitre desk, 92
puro (a) pure, 290

que than, 410
qué what, 459
quebradura crack, 79
quedarse remain, 302
quedarse stay, 380
quemar burn, 48
querer want, 451
quién who, 461
quieto (a) quiet, 293
quitar remove, 302
racimo bunch, 48
radio radio, 296
rama limb, 208
rana frog, 142
rápido (a) quick, 293
rara vez seldom, 334
raro (a) odd (2), 244
rascar scratch (2), 330
rasgar rip, 308

rasgar tear (1) 406
raspar scrape, 329
rastrillo rake, 298
rata rat, 298
ratonero buzzard, 51
rayos X x-ray, 475
razón reason, 300
real real, 300
rebanada slice (1), 357
rebanar slice (2), 358
rebotar bounce, 41
recibir receive, 301
recoger gather, 146
reconocer recognize, 301
recordar remember, 302
recortar clip, 69
recortar trim, 433
recorte scrap, 329
red net, 235
redondo (a) round, 315
refugio shelter, 345
regalo gift, 147

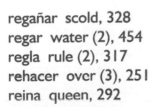

regañar scold, 328
regar water (2), 454
regla rule (2), 317
rehacer over (3), 251
reina queen, 292

reír laugh, 197
relámpago lightning, 207
reloj clock, 70
reloj watch (2), 453
remar row (2), 316
reñir quarrel, 292
repentinamente suddenly, 393
repetir repeat, 303
resbalar slip, 359
residente resident, 304
respirar breathe, 44
retrato picture (1), 266
revisar check, 62
revolver stir, 384
rey king, 189
rico (a) rich, 306
riel track (1), 428
rinoceronte rhinoceros, 305
río river, 309
rizo curl, 83
robar steal, 381
roble oak, 242
roca rock (1), 311
rocío dew, 92
rodar roll, 312

rodilla knee, 191
rogar beg, 28
rojo (a) red, 301
romper break, 43
rosa rose, 314
rudo (a) rude, 317
rueda wheel, 459
rugir roar, 310
ruido noise, 238
ruta route, 315
sábana sheet (2), 344
saber know (1), 192
sabio wise, 467
saco sack, 319
sacudir shake (1), 340
sal salt, 321
salir rise, 309
salpicadura splash, 373
salpicar spray, 375
saltar hop, 171
saltar jump, 186
saltar leap, 201
saltar skip, 355
salvaje wild, 463
salvar save (2), 323
sangre blood, 37

sapo toad, 422
sartén pan, 256
sastre tailor, 401
satisfacer satisfy, 323
secar wipe, 466
seco (a) dry, 102
seguir follow, 136
segundo second, 332
seguro (a) safe, 319
seguro (a) sure, 396
seleccionar select, 335
semana week, 457
sembrar sow, 369
semicírculo semicircle, 335
semilla seed, 333
sencillo (a) plain (1), 271
sendero path, 261
sentarse sit, 353
sentido sense, 336
sentir feel, 124
señal sign (2), 351
separar separate, 337
serpiente snake, 362
serrucho saw, 324
servilleta napkin, 233
servir serve, 337

servir fit, 131
sí yes, 478
siempre always, 11
siesta nap, 233
siete seven, 338
significar mean (1), 221
silbar whistle (1), 461
silencioso (a) silent, 351
silla chair, 60
similar similar, 352
simio ape, 14
sitio location, 211
sitio place (1), 270
sitio scene (1), 326
sitio spot (1), 374
sobrante odd (1), 244
sobre about (1), 1
sobre envelope, 112
sobre upon, 443
soga rope, 313
sol sun, 395
solamente only (1), 247
sollozar sob, 364
sollozar weep, 457
sombra shade (2), 339
sombra shadow, 339
sonar ring (3), 308
sonido sound, 367
sonreír smile, 361
sopa soup, 368
soplar blow, 37

soprano soprano, 366
sorpresa surprise, 396
sostener hold, 169
su her, 167
su his, 168
su their, 411
suave gentle, 146
suave soft, 364
suceder happen, 160
suciedad dirt, 95
sucio (a) dirty, 95
suelo ground, 154
suelo soil (1), 364
suelto (a) loose, 213
suéter sweater, 397
suficiente enough, 111
suficiente plenty, 275
suponer guess (2), 156
suponer suppose, 395
Sur South, 368
tabla board, 38
tacón heel (2), 165
tal such, 393

taladro drill, 99

talar chop, 66

tallo stalk, 379

tallo stem, 382

talón heel (1), 165

también also, 10

también too, 424

tambor drum, 101

tanque tank, 403

tapa lid, 204

tarde late, 197

tarea task, 404

tarjeta card, 56

taza cup, 83

té tea, 404

techo roof, 312

tedioso (a) tedious, 407

tela cloth, 70

teléfono telephone, 407

temblar shiver, 346

temer fear, 123

temprano early, 105

tenedor fork, 139

tener have, 163

terminado (a) over (1), 250

terminar finish, 129

ternera calf, 52

terrible dreadful, 98

terrible terrible, 409

testigo witness, 469

tetera kettle, 187

tía aunt, 18

tibio (a) warm, 451

tic-tac tick, 417

tiempo weather, 456
tienda store, 386
tierra earth, 106
tierra land (1), 195
tigre tiger, 419
tijeras scissors, 328
tinta ink, 180
tío uncle, 441
tira strip, 391
tirar pull, 289
tirar shoot, 347
título title, 422
tiza chalk, 60
toalla towel, 428
tobogán slide (1), 358
tocar play (3), 274
tocar touch, 427
todavía still (1), 383
todavía yet, 478
todo everything, 114
todo el mundo everybody, 114
toque tap (1), 403
tormenta storm, 387
tortuga turtle, 438
toser cough, 77
tostada toast, 422
trabajar work, 471
traer bring, 45
tráfico traffic, 429
tragar swallow (1), 396
traje suit (2), 394
trampa trap, 431
tramposo (a) sly, 360
tranquilo (a) still (2), 383

tratar treat, 432
tratar try, 437
tren train (2), 430
trepar climb, 69
triciclo tricycle, 433
trineo sled, 356
trineo sleigh, 357
triste sad, 319
triunfar succeed, 392
trocar trade, 429
trompa trunk (3). 436
trompo top (2), 426
tronco log, 212
tronco trunk (1) 436
trono throne, 416
tropezar trip (2). 434
trueno thunder, 417
tú you, 479
tu your, 479
tubo pipe (1), 269
tubo tube, 437
tulipán tulip, 437
último (a) last, 197
un (a) a, 1
una vez once, 246
único (a) only (2), 247
uno (a) one, 246
untar spread, 375
usar use, 443
usar wear, 455
útil useful, 443
uva grape, 153
vaca cow, 78

vacaciones vacation, 444
vacío (a) empty, 110
vadear wade, 449
vago tramp (2), 431
vaina pod, 277
vajilla china, 65
valer worth, 473
valiente brave, 43
valle valley, 444
valor value, 445
vapor steam, 381
vasija bowl, 41
vaso glass (2), 149
vecino neighbor, 235
vela candle, 54
vela sail, 320
velocidad speed, 371
veloz swift, 398
venado deer, 88
vender sell, 335
venir come, 74
venta sale, 321
ventana window, 465
ventarrón gust, 157
ventilador fan, 120
ventisca blizzard, 36
ver see, 333
verano summer, 394
verdaderamente indeed, 179
verdadero (a) true, 435
verse look (2), 213

verso verse, 446
verter pour, 282
viajar travel, 431
viaje journey, 184
viaje trip (1), 434
vida life, 205
vidrio glass (1), 148
viejo (a) old, 246
viento wind, 464
viernes Friday, 141
violín violin, 447
visitar visit, 448
vista sight, 350
vista view, 446
vitorear cheer, 63
vivir live, 210
vivo (a) alive, 9
vivo (a) sharp (2), 341
volar fly (1), 135
volcarse tip (1), 420
votar note, 448
voz voice, 448
xilófono xylophone, 475
ya already, 10
zapatero cobbler, 73
zapatilla slipper, 359
zapato shoe, 347
zona zone, 480
zoológico zoo, 480
zorro fox, 140
zumbido buzz, 51